王的學問

王壽南 著

中國歷史中的君王論

The Wisdom of King

目錄

成為明君的條件

代序

歷史像鏡子

有人認為歷史只是人名、地名、年代的組合，全靠記憶，十分枯燥無趣，這種想法實際上是錯誤的。歷史是人類活動的記錄，歷史的重點在於理解過去的人所說的話和所做的事，其中人名、地名、年代只是呈現這些話和這些事是誰做的，什麼地方發生的，什麼時候的事，如此而已。一個人想要了解歷史，他可以不必記得人名、地名或年代，最重要的是那歷史人物說過什麼，做了什麼，這才是歷史的重點。

歷史像鏡子，不過，這面鏡子不是掛在室內、照自己容貌的鏡子，這面鏡子是照過去的人言行的鏡子。譬如當你坐上汽車的時候，你會發現車子裡面有很多面鏡子，有向後照的鏡子，有向左右照的鏡子，當汽車走過彎道時，在急轉彎道的路旁，也會佇立一面鏡子。這些鏡子分別觀照車子後面的景物及車子兩邊的景物，在馬路旁豎起的鏡子，則是照前面轉彎後可預見的景物，這些鏡子就有點像歷史的鏡子，因為分置在車上的鏡子和路邊的鏡子，是看得見但摸不著的，主因是它跟你有相當的距離，但是事實上它是存在的，可以清楚看見那邊有人在做什麼事，看得清清楚楚。歷史的鏡子，就是讓看到過去人們的活動情形。

從歷史的鏡子裡，可以看到許許多多不同的故事，他們的情節不同，人物的性格不同，結局也不一樣，這些故事中有許多是相當有趣的。一般人都喜歡聽故事，從童年時代開始，人就一直流露出喜歡聽故事的本性，其實這就表示每一個人都是喜歡歷史，因為歷史所表現出來的就是故事，然而看這面歷史的鏡子，是要用「心」看的。對照歷史的鏡子不是只用眼睛看的，如果只用眼去看，當然也可以看到鏡子裡面展現出來的一幕幕故事，很有趣也很精彩，但是這些故事跟我們有關嗎？你不見得認為有關係。但是只要用心看這些故事時，就會發現這些故事跟我們有相當的關係，此話怎說呢？因為歷史是從前人所走過的路，前人走過的路，後來的人也會走過，前人做過錯誤的事，後人也會做錯或犯了錯誤。譬如，從前有一個人騎腳踏車在路上急奔，忽然來了個九十度大轉彎，雙手握的手把在九十度轉彎時，車子一打滑翻了車也跟著摔在地上受傷了，痛苦不堪。這故事在旁人看起來就是騎太快了，轉彎轉太急了。乍看之下似乎跟我們毫無關係，可是如果用「心」看歷史，看到這人騎車摔跤的歷史，就會學習到騎車時千萬不能在速度很快的時候來個九十度的急轉彎，如此也會跟這人一樣摔跤；當然不一定是騎腳踏車，可能是開車時突然因九十度轉彎打滑而翻車，從而理解如做某一件事，可能因突如其來的一個九十度大轉彎，結果把事情給弄砸了。所以人可以從歷史的鏡子裡，從前人所犯的錯誤中學習到不要重蹈覆轍，這就是用「心」看歷史定有所體會，而不只是看故事而已。我常常說，歷史是教人聰明的學問，這句話有一個附帶條件，就是要用「心」去讀歷史，用心體會歷史中前人所做的事、所說的話有何啟示，從這些啟示裡學到的，自然會讓人變得更聰明。

有人會問，歷史是前人發生的事，這些事件有的是百年前或千年前發生的，跟我們有什麼關係？沒錯，歷史是離我們有一段距離的，其中有離得很近、也有離得很遠的，昨天的事就是歷史，當然千年前發生的事也是歷史。

而為什麼前人的事對我們會有啟發呢？的確，他們穿的衣服可能跟我們不相同，交通工具可能跟我們也不相同，但有一點是相同的——人性，一千年前或二千年前人的人性跟今天我們的人性是一樣的。正因為人性是一樣的，所以從歷史的鏡子裡面看前人所發生的事，現代人會產生同樣的感受，看到歷史人物的成功會同感興奮，當看到歷史人物因失敗而痛苦時也會替他難過，這種感情雖然有時間的相隔，可是感受上是相通的，這就是因為我們和從前人有同樣的人性，我們能感受到從前人的喜怒哀樂，所以讀岳飛的傳記，可以感受到岳飛那種怒髮衝冠的情緒，讀了陸游的詩，可以感受一個在時代的困境中想望成功、想望復興的人的那種心情。同時，由於我們和從前的人人性相同，所以我們和前人有同理性；也就是說，前人做了什麼，其邏輯觀念和我們的邏輯觀念是一致的，因為有同理性，由他們成功或失敗的原因，將之拉回對照自己的身旁或周遭所發生的事與此是不是相似，自然可同樣推理或驗證，此即歷史對現代人的功用。所以歷史絕對不是博物館裡的古董，古董是不會回到現代，當古董擺在博物館裡，不過是幾百年幾千年前的東西；但歷史不然，歷史雖是從前發生的事，可是其精神是會在現代人身邊起作用的，歷史和現代的生活是不會脫節的，所以歷史絕對不是博物館裡的古董。因此，有時候讀了一段歷史，再回頭看看周遭發生的事，你定會啞然失笑，會覺得今天發生的事，和從前所發生的事怎麼那麼相像啊！不禁以為今天的人們又在演從前人的戲了，這也是為什麼需要把歷史看成是一面鏡子，不只是讀他們的故事，還要懂得故事究竟給了我們什麼樣的啟示，面對類似的事該如何應付，如何做正確的判斷，由此可見，歷史對一個人的現實絕對有它的功用。

我在政治大學教授中國政治史課程二十多年，對於中國歷史上的政治問題十分有興趣，本書的每一篇文章，實際上都與政治史有關，本書的文章有少數是發表在《中華文化復興月刊》，大多數的是登載在《歷史月刊》，這些文章雖然每篇題目不同，但都不離開政治史的範疇。這些文章看似在談歷史，可是讀者們回過頭看看今天的環境，是不是都和現今的環境有些相似呢？如把這本書當成是歷史的鏡子，對照歷史的鏡子回頭看看周遭的環境，你會不會產生了一些感觸呢！

二〇〇五年二月，我患了嚴重的大腸炎，上吐下瀉發高燒，住進了臺北萬芳醫院，感謝萬芳醫院副院長連吉時教授高超的醫術，讓我轉危為安，在醫院裡住了半個多月，終於痊癒出院。不過，出院以後發現我的視力急速退化，主要是白內障突然惡化，我的右眼在六、七年前因為開白內障而導致視網膜出血，最後讓右眼失明，由於醫生們認為我的眼睛結構較常人脆弱得多，所以儘管左眼白內障很嚴重，醫生也不敢輕易的為我再動一次白內障手術，因為怕左眼也會跟右眼一樣，造成同樣的不幸。因為視力急速退化，造成我連看書報雜誌都發生困難，這對一個長年閱讀的人來說，是一個相當嚴重的打擊，幸好我的妻子吳涵碧女士給我不斷的鼓勵，讓我心情安定下來。雖然視力越來越不好，但是不能因此而覺得人生無望，於是我重新振作起來，心想應該還可以做一些事的。其中我一直想做的事之一，就是把三十幾年來在大學研究所裡上課的若干心得，用通俗的文字寫出來，讓社會的一般人士也可以接觸到歷史所含的精神是什麼，也可以了解歷史究竟是什麼，這就是我從二〇〇六年一月開始，在《歷史月刊》每期要寫一篇文章的原因。當然因為視力太差，我無法握筆寫作，所以我用錄音帶口述錄音，再請我的學生，政大歷史所博士班研究生張正田君，把錄音帶打成文字，然後由吳涵碧把張正田所打的文字唸給我聽，我加以修改變成了一篇文稿後，送交《歷史月刊》發表，這樣的每月一篇文章，就成了這本書的主幹。本書各位讀者讀起來，會覺得很像是口語，因為實際上確確實實是口述而寫成的，所以書中文章引經據典之處不多，因為我無法去查閱古籍中的原文，只好憑著記憶來寫作，當然這本書不是史料性的著作，重點在陳述我個人的思想與觀念，所以史料不足之處，也要請各位多多包涵。

自從患了嚴重的眼疾之後，不僅心理上遭受的打擊很大，生活行動也變得十分不便，我要非常感激我的妻子吳涵碧女士，她對我細心的照顧，不斷的鼓勵，讓我很勇敢的面對現實，衝破許多心理的障礙，覺得自己又可以勇敢的站起來也能走出去，目前我在心理和生活上，和以前並沒有太大的改變，同樣樂觀奮鬥。我是一個閒不下來的人，縱使患了嚴重的眼疾，生活仍十分忙碌，安排的活動仍然是很多的，當然我有一個最大的支柱，就是吳涵碧在我身邊形影不離的照顧。吳涵碧的性格在許多方面跟我去世的母親相似，她柔順又剛毅，勇敢又謹慎，我十分感謝上帝給我的恩典，賜給我這麼一位賢慧的妻子，讓我在遭受嚴重的打擊之後，還能夠活得那麼好，感謝上帝。此外，我還要感謝我的弟弟王壽松跟妹妹王永華，他們兩個人對我也永遠是細心的照顧，我們兄妹三人的手足之情非常深厚。當壽松讀小學五年級，永華讀小學二年級時，父親突然因心臟病去世，那是民國四十七年的年初。父親是軍人，初到臺灣連眷村都沒有找到，還是租房子住，突然的去世，沒有留下任何積蓄；我的母親是一個不識字的舊式婦女，當時我大學尚未畢業，一家生活的重擔自然落在我身上。我們一家四口在父親離開後相依為命，彼此體諒關心，這一路上，含著淚，三人手拉著手，踩著滿是玻璃碎屑的小路，經歷了人生無數的苦難和曲折，總算是走過了最難走的路而終於踩上了坦途，現在壽松跟永華都有很好很美滿的家庭和工作。歲月的增長，兄妹三人的感情是更緊密更濃厚，偶爾涵碧不在家，壽松跟永華會來陪我，三人外出吃飯，他們總是一左一右扶持著我，那份關愛讓我深深的感動。時光雖然過了半個多世紀，那份情依舊是緊密的繫著。十年前，母親在臺大醫院因為大腸癌去世，母親在彌留之際，緊握著我的手非常的關切，她走了以後，最不放心的是我，因為母親認為我的身體不好。母親的關愛，我終生不會忘記。

我願意把這本書奉獻給在天國正慈祥的看著我的母親。

君主的掌權之路

中國古代政治的特質

從中國有歷史記載開始到清亡為止，中國一直在君主制度統治之下，所有的君主並不是「虛位」的，而是掌握實權的，尤其是從秦代以後，君主的權力更日趨強固，所以中國古代的政治乃是一種君主專制的政治。在君主專制的古代政治下有幾個特質值得提出來研討。

朝代的更迭現象永不終止

從有較可靠歷史的時代——夏代以來，中國成為家天下的政治，於是形成「一姓王朝」，君位由異姓接替即表示朝代變更（五代時例外，由於當時盛行養子制度），在「一姓王朝」的制度下，朝代的更迭現象永遠不能終止，觀察史實，從夏代到清代，沒有一個王朝的壽命到達一千年，最長的是周代，計八五六年，最短的是五代的後漢，僅四年。朝代的不斷更迭成為中國古代政治中的一個重要現象。

何以一姓王朝會造成不斷的更迭現象？換言之，何以一個舊的朝代必定會趨向敗亡而由一個新的朝代取代？其中原因甚為複雜，頗堪玩味。而其最大關鍵則為君主本身的問題，一姓王朝的君主，其政治才能常呈遞減的現象，即是越到後代的繼體君主其政治才能越低，缺乏政治才能則其統御權力便由強大而削弱，終至完全消失，這個朝代也因之崩潰。

從秦始皇廢除周代的封建制度後，在中國歷代政治上，君主便占了極端重要的地位，君主權力之大，籠罩全國，這是周朝天子所不能望其項背的，一切政治權力（有時甚至是財富名譽等權力）的泉源來自君主，只要君主堅持，他可以做任何他所想做的事，李斯勸秦二世要「獨制於天下而無所制」，[1]即是明白說明君主的權力應該是不受任何限制的。後世的君臣們雖然再也無人敢像李斯那樣赤裸裸地說出君主的權力無限大，但實際上，歷代君主除了受制於自己的觀念、想法和良心外，並不受外界力量的拘束。自古以來從諫如流的君主並非沒有，但是他們之所以肯於納諫，乃是出於他們本

1.《史記‧卷八十七‧李斯列傳》。

心的志願，唐太宗是以從諫如流著名的，但是他的從諫乃是因為他鑑於隋亡而覺得納諫對他有好處才自願接受的，[2]一個自任其智的君主，沒有任何強制的力量可以迫使他納諫。同時，中國自古以來也沒有任何法律來約束君主，人性本屬好逸惡勞，無限制的權力，最易使人腐化。然而，在專制政治之下，君主的個人生活絕不能脫離實際政治而獨立，君主的行為常能直接影響實際政治。君主的腐化，除了濫用權力、破壞公正與正義的原則，造成臣民的不滿外，還會有兩個極不良的影響：一是為了供應君主過分的享受，政府不得不對百姓重稅厚斂，這種經濟上的榨取一旦超過了限度，必然使農村經濟枯萎、盜賊增多，盜賊眾多又會引起戰亂，而戰亂又足以使王朝式微，王朝式微又是王朝覆亡的前奏；另一個是君主的腐化，過分貪圖享受，遂不理政事，大權下移，大權下移的時日久積，臣下便取得威勢，造成「權臣」的出現，王朝則日漸衰微，終成「大盜竊國」之局。由此可知，君主腐化的結果，必然使王朝走向衰敗的路子。

中國古代的君位採世襲制度，繼體之君由於生活環境的特殊和接受畸形教育的影響，其才智越後越低，又完全不了解世故與民情，於是，君主和被統治者之間的距離更越拉越遠，[3]可是，君主卻擁有無限制的權力，自然難免濫用權力，危害人民（有時，繼體君主的濫用權力而危害人民並非君主的有意作為，而是不自覺其行為對人民的後果，這便是君主遠離人民的表現），中國的被統治者極具忍耐性，服從與名位的觀念深入人心，除非萬不得已絕不

---

2. 趙翼，《廿二史劄記》卷十九，「貞觀中直諫者不止魏徵」條，謂唐太宗勇於納諫之因：「蓋親見煬帝之剛愎猜忌，予智自雄，以致人情瓦解而不知，盜賊烽起而莫告，國亡身弒，為世大僇，故深知一人之耳目有限，思慮難周，非集思廣益，難以求治，而飾非拒諫，徒自召禍也。」《貞觀政要》中唐太宗屢自言君主納諫可使國富民安，對君主有利。

3. R. M. MacIver 曾說：「當一個人成為一個固定的領袖，特別是當他的領袖係由於世襲或其他方法確定時，權威就獲得了一個新的體積，於是居權威者便遠離了人民。」見 The Web of Government, p. 39.

敢反抗居尊位者的命令，然而，忍耐是有限度的，求生與自衛乃人類的本能天性，一旦政治上的權威影響到其生存時，必然發生反抗，戰亂從此而起，戰亂的結果必然削弱王朝的威信，使王朝步上衰亡之途。[4]仲長統對於朝代的更迭曾有精闢的見解，他說：「繼體之時，民心定矣，普天之下，賴我而得生育，由我而得富貴，安居樂業，長養子孫，天下晏然皆歸心於我矣，豪傑之心既絕，士民之心已定，貴有常家，尊在一人，當此之時，雖下愚之才居之，猶能恩同天地，威侔鬼神，暴風疾霆，不足以方其怒，陽春時雨，不足以喻其澤，周孔數千，無所復角其聖，賁育百萬，無所復奮其勇矣。彼後世之愚主，見天下莫敢與之違，自謂若天地之不可亡也，乃奔其私嗜，騁其邪欲，君臣宣淫，上下同惡，目極角觝之觀，耳窮鄭衛之聲，入則耽於婦人，出則馳於田獵，荒廢庶政，棄亡人物，……使餓狼守庖廚，饑虎牧牢豚，遂至熬天下之脂膏，斲生人之骨髓，怨毒無聊，禍亂並起……昔之為我哺乳之子孫者，今盡是我飲血之寇讎也。至於運徙勢去，猶不覺悟者，豈非富貴生不仁，沉溺致愚疾邪？存亡以之迭代，政亂從此周復，天道常然之大數也。」[5]仲長統雖生於漢代，證之後代史實，其見解可以得到證明。

中國古代政治是以君主為中心，而世襲制度下的君主又必趨向於無能與腐化，遂造成王朝的敗亡，新的王朝起而代之。所以，中國古代的專制政體本身即含有興亡的循環，朝代的更迭乃成為必然產生的現象。

---

4. 東漢末的黃巾之亂、唐末的黃巢之亂、明末的流寇和清末的太平軍，均是最佳例證。
5. 仲長統，《昌言論·理亂篇》。

民本思想盛行

中國古代民本思想發展甚早，民本思想最早見於《尚書》「民惟邦本」一語，儒家先哲孔子、孟子極重民本，孔子主張「仁政」，所謂仁政即是一種愛護人民的政治，孔子所說「節用而愛人，使民以時。」[6]「因民之所利而利之。」[7]「政之急者莫大乎使民富。」[8]處處均表現其重民的精神。孟子乃民本思想發揚光大最有力之人，孟子認為君乃為民而設，民永存而君可更換，其論調在二千餘年前的君主時代，確實令人可驚可佩，孟子所言：「民為貴，社稷次之，君為輕。是故得乎丘民而為天子，得乎天子為諸侯，得乎諸侯為大夫，諸侯危社稷則變置，犧牲既成，粢盛既潔，祭祀以時，然而旱乾水溢，則變置社稷。」[9]這段話幾乎成為中國民本思想的象徵。《孟子》一書中處處流露出政治應以民為重的思想，甚至主張「暴君可伐」之論，《孟子・

梁惠王下》：

齊宣王問曰：「湯放桀，武王伐紂，有諸？」孟子對曰：「於傳有之。」曰：「臣弒其君，可乎？」曰：「賊人者，謂之賊，賊義者，謂之殘，殘賊之人，謂之獨夫，聞誅一夫紂也，未聞弒君也。」

孟子「聞誅一夫紂也」之論是站在人民的立場來否定暴君地位，為民本思

6. 《論語．學而篇》。
7. 《論語．堯曰篇》。
8. 《孔子家語．第十二篇弟子行》。
9. 《孟子．盡心下》。

想開創了一個新的積極道路。

秦漢以後，民本思想在專制政治之下未能繼續發揚，成為停滯消沉的狀態，然而民本思想實未消滅，例如董仲舒之「天之生民，非為王也，而天之立王，以為民也。故其德足以安樂民者，天予之；其惡足以賊害民者，天奪之。」[10]陸贄之「人者邦之本」，[11]均灼然可見，尤是歷朝君主的諭旨和大臣的奏本，經常提及仁政愛民之言，雖然多是空話，但也表示民本思想在知識分子的思想中並未消除。及至明末清初，黃梨洲感亡國之痛，乃大倡「君客民主」之論，[12]遂使沉寂了近兩千年的民本思想又大放異彩。

民本與民主並不盡同，站在人民的立場來看，民本是消極的、被動的，民主是積極的、主動的。民本與民主之不同，一如獨資公司老闆之愛護下屬與議員之為民喉舌之不同。中國古代政治有民本思想，然而卻未能發展到民主思想。有民本思想而無民主思想，這並非中國的「賢哲」們不知進步，而係中國的政治環境使然。

民主思想是歐洲的產物，最先出現在古希臘，紀元前五世紀，雅典即有了民主政治，雅典民主政治的促成乃是因為雅典地方小，人口集中，容易集會以表示民意。但是，照西方學者的說法，雅典的民主政治也不是突然產生的，而是經過長期的演變而成的，民主政治的基礎是在多數決，原始社會不知多數決的方法，凡事不能得到滿場一致，就需訴諸武力，舉行決鬥，所以「滿場一致」與「決鬥」乃是原始社會裡解決問題的方法。其後，人們漸漸覺得決鬥對勝負雙方都有害處，於是發明了其他代替決鬥的方法，一是吶喊

10.《春秋繁露》第二十五篇：「堯舜不擅移湯武不擅殺。」

11.《陸宣公集．奉天論前所答未施行狀》。

12. 黃梨洲：「古者以天下為主，君為客，凡君之所畢世而經營者為天下也，今也以君為主，天下為客，凡天下之無地而得安寧者為君也。」（《明夷待訪錄．原君》）黃梨洲之「君客民主」說可詳閱《明夷待訪錄》中各篇。

（shout），以聲音壓倒對方而爭得勝利，一是分列（divide），以排隊的長短以決定勝負，分列是計算人數的意思，於是產生了以人數多少代替武力大小來決定事情的方法，這便是所謂「以計算人頭代替了打破人頭」（Counting heads instead of breaking them），也就是多數決觀念的起源。[13]遠古希臘城邦很多都用多數決的方法來選舉和決定事情，希臘的多數決思想傳入羅馬，在凱撒大帝以前的羅馬共和時期，政治上沿用多數決的原則。這個多數決的觀念接著又傳給了基督教會，於是教會中教皇便由大主教三分之二多數決的選舉而產生。固然，在小城邦中只要有多數決的觀念便可產生民主政治；但是，在大國中，每個人無法直接參與任何一件事的討論與表決，因此，必須輔以「代表制」的觀念才能達成民主政治，「代表制」是歐洲中古世紀的產物，「多數決」加上「代表制」乃使得中世紀以後的歐洲能全力推展民主政治。中國土地廣大，自有記載的黃帝、堯、舜時代起，領土便很遼闊，絕非城邦式的國家，不可能使全體國民集合討論以決定事情，於是「多數決」的觀念便無法產生，而「代表」的觀念也就未曾出現，這使得中國古代缺少「民主」思想，這種缺少「民主」思想並非由於中國的先哲們頭腦不如西方人，乃環境使然。[14]

雖然中國古代未能產生民主思想，以致二、三千年的歷史都在君主專制政治中度過，但是，中國古代的君主專制政治也並不是君主視臣民如奴隸牛馬的暴虐統治，暴君雖然偶有，但大多數的君主都知道愛民，便是受民本思想的影響。在民本思想的影響下，中國古代人民雖長期處於君主專制下，所

---

13. E. Jenks, *The State and the Nation*, pp. 193-195.
14. 關於中國的環境無法產生「多數決」和「代表」觀念以致不能產生民主思想，詳細參閱：薩孟武先生著，《中國政治思想史》，頁六—十一。

受到的弊害卻因此得以減輕。[15]

梁任公曰：「我國有力之政治思想，乃欲在君主統治下，行民本之精神。」[16]證之史實，在中國古代政治中，隨時都隱現出民本的精神，知洵非虛語。

缺少法治精神

中國自漢代以後，政治上無疑受儒家思想影響最大，歷代君臣絕大多數都崇尚儒家思想，因此，儒家思想在中國古代政治上有極大的勢力。儒家思想在政治方面注重身教與德治，是一種標準的人治主義思想。孔子主張重禮德之教化，輕政刑之督責，季康子問政，孔子對曰：「政者，正也。子帥以正，孰敢不正？」[17]孔子曰：「其身正，不令而行，其身不正，雖令不從。」

又曰：「苟正其身矣，於從政乎何有？不能正其身，如正人何？」又曰：「上好禮則民莫敢不敬，上好義則民莫敢不服，上好信則民莫敢不用情。」[18]可見孔子對政治的致治方法乃是在上位者以身作則，「修己」而後「治人」。孔子這種身教與德治的思想，後代儒家沿襲其意，於是政治上偏重人治而缺少法治精神。

固然，中國古代並非沒有法律，但是歷代雖有法律卻未能建立起法治精神，其中原因很多，而與儒家思想有密切關係。歷代法律的制定者多受儒家

---

15. 金耀基先生謂：「自秦漢以降，雖有一副君主專制的骨架，但骨肉之間實含有濃厚的民本主義血脈，而因此民本主義血脈的周身流轉，遂使君主專制的政治弊害從以減輕和紓解。」確為精闢之論，閱《中國民本思想之史底發展》，頁七。
16. 梁啟超，《先秦政治思想史》，頁五。
17. 《論語．顏淵篇》。
18. 均見《論語．子路篇》。

思想的影響，儒家在政治上是較講階級性的，「刑不上大夫，禮不下庶人」，於是法律的平等性便有了問題，失卻平等的原則，法治精神便很難建立起來。同時，儒家重視禮教，鼓勵自新，「過而能改，善莫大焉」乃是古代士人的共同想法，於是法律的彈性很大，缺少較大的強制性，遂使法治精神不易養成。

最足以破壞法治精神的，乃中國古代法律的對象是臣民，任何法律都不足以約束君主，因為君主是超越法律的。君主不僅本身的行為不受法律制裁，而且還常以命令改變法律的裁判，尤其是接近末代的君主多屬昏庸或暴虐，更常發出違背法律的不良命令，遂使法律失去其公正性，法治精神更是蕩然無存。

社會的組織是複雜的，每個社會內的權力結構常各有不同，例如非洲落後民族及南太平洋中許多小島的未開化土人，其社會中最高的權力為宗教，今日英美社會最高權力為工商企業，古代希臘斯巴達社會中的最高權力是軍隊，中國古代社會中的最高權力是政治。

從孔孟以來，中國的知識分子並不隱瞞他們渴求從政做官的心理。孔子、孟子的求仕，不過是為了希望實現他們的政治理想，要實現政治理想便必須出來做官，因此，做官只是手段，其目的還是在實現自己的政治理想。可是，孔孟以後的士人常失去了崇高的政治理想，於是，做官成為他們的目的；「十年寒窗」不是為了研究學問，而是為了高官厚祿，受教育的目的不是為了求知，只是為了做官；「學而優則仕」的想法深入人心，「仕」以後的政治理想卻極少有人去顧及了。

知識分子熱衷於政治最大的動力是中國古代君權至高無上，君權超越了社會上其他一切的權力，舉凡宗教權力、經濟權力、知識權力、軍事權力等等均屈居於君權之下，從政做官即是分霑了君權，取得了社會上最高的權力，在權力慾的引誘之下，人人莫不希望獲得官職。

李斯曰：「詬莫大於卑賤，而悲莫甚於窮困，久處卑賤之位，困苦之地，非世而惡利，自託於無為，此非士之情也。」[19]人類努力奮鬥的目的無非是要使生活（物質的與精神的）改善，窮困與卑賤當然不是人所願居，然而如何才能脫離窮困與卑賤？中國古代重農輕商，商人雖易賺錢，卻不易爭得社會地位，不易獲得名聲，務農雖號稱為「本」，但事實上農人經常是窮困與卑賤的，所以，商與農均不是理想工作；中國古代的宗教在隋唐以後，佛教漸盛，僧侶受人尊敬，但是僧侶生活必須清苦自恃，又非缺乏「出世」思想的士人所願為；中國古代除了亂世，軍人的地位並未受到重視，尤其在唐中葉及宋以後，武夫是受到社會卑視的人，士人於是遂少有願棄文習武者；中國古代雖重師道，然而卻沒有專業性的教師，教書的職業向來是清苦的，在沒有完善的學校制度下，教師連生活的保障都有問題，於是除了落第和老邁的士人外，誰又肯以教書為職業呢？經商、務農、僧侶、行伍、教書均非理想的工作，因此，人人只有寄望於從政。知識分子乃是中國社會的領導階層，知識分子為了脫離窮困與卑賤之地而熱衷於政治，更使得政治權力高過於社會上其他的權力。

在中國古代社會中，官吏的地位是崇高的，地方官竟被喻為人民的「父母官」，自是高人一等，威風八面，官吏退休以後，常成為其家鄉的士紳，是社會上的領袖人物，受到鄉民的特別尊敬。因此，社會上對於做官的人總是另

19.《史記．卷八十七．李斯列傳》。

眼相看的，趙璘的《因話錄》中記載一段唐人的故事：

趙琮妻父為鍾陵大將，琮以久隨計不第，窮悴甚，妻族相薄，雖妻父母不能不然也。一日，軍中高會，州郡請之春設者，大將家相率列棚以觀之，其妻雖貧，不能無往，然所服故弊，眾以帷隔絕之。設方酣，廉使忽馳吏呼將，將驚且懼，既至，廉使臨軒，手持一書笑曰：「趙琮得非君之婿乎？」曰：「然。」乃告之曰：「適報至，已及第矣。」即授所持書，乃牓也。將遽以牓奔歸，呼曰：「趙郎及第矣。」妻之族即撤去帷幛，相與同席，以簪服而慶遺焉。

趙琮未及第前，既「窮悴」，又為「妻族相薄，雖妻父母不能不然也」，宴會之中，其妻為眾人所輕視，竟被「以帷隔絕之」，此種情況，實如李斯所謂處於「卑賤之位，困苦之地」，然而，一旦及第，做官有望，於是妻族立刻改換嘴臉，而邀其妻「相與同席，以簪服慶遺焉」。趙琮的事例正可以說明社會上對於做官者和無官者常採取截然不同的態度。《儒林外史》第三回中，寫范進落魄潦倒時，被他的岳父胡屠戶奚落責罵，等范進中舉以後，胡屠戶立時改了嘴臉，稱范進為「賢婿老爺」。范進的故事乃小說家之言，未必可信，然而卻可以反映《儒林外史》的作者吳敬梓所處時代的人們對於做官與無官者兩種不同的態度。由於社會上對從政者的恭敬，更能表現出在中國古代社會權力的結構中，政治高於一切。

家庭政治

自夏禹以來，中國君主世襲的制度即是家族政治的代表象徵。其實，中國古代的家族政治並不僅限於君主這一環，臣民之間也莫不處處表現出家族政治。周代的封建制度，從天子到大夫，以宗法關係來建立政治系統，無疑地是典型的家族政治，秦始皇廢止了封建制度以後，宗法式的家族政治在形式上大為削弱，形式上只有君主的家族仍可世襲分封，而臣下世襲制則告終止，但是，在實質上，家族政治仍廣泛地存在，最顯著的例證即是自西漢便已開始塑造的門第與世族觀念，魏晉南北朝時代門第觀念尤其深刻，政治受豪族把持，一直到唐代末葉門第仍然影響到實際政治，自宋以後，門第觀念雖漸淡薄，但由於中國人向來家族觀念濃厚，家族內的團結力量很大，因此，親戚間在政治上互相牽引、互相提攜的現象長期存在。范攄撰《雲溪友議》記載唐人故事一則：

潞州沈尚書絢，宣宗九載，主春闈，將欲放榜，其母郡君夫人曰：「吾見近日崔、李侍郎，皆與宗盟及第，似無一家之謗，汝叨此事，家門之慶也，於諸葉中，擬放誰耶？」絢曰：「莫先沈先也。」太夫人曰：「沈先早有聲價，沈擢次之，二子科名，不必在汝，自有他人與之。吾以沈儋孤單，鮮有知者，汝其不愍，孰能見哀？」絢不敢違慈母之命，遂放儋及第焉。

沈絢之放沈儋及第，其同類事例在中國古代隨時皆有，因此，形成了中國古代的家族政治。

士人政治

秦始皇統一了中國後，貴族政治的局面被打破，知識分子得以參與政治，尤其在漢武帝以後，政治上的重要地位，逐漸由知識分子充任。歷代宰相絕大多數是文人，於是，造成了士人政治。

士人政治的形成，一方面由於中國古代的士人掌握有知識權力，成為社會上的優秀分子（élite），而本身又具有政治的熱忱，願意參與政治活動；一方面也是歷代君主有意的促成，叔孫通曰：「儒者難與進取，可與守成。」[20]中國的士人向來具有「尊君」、「守分」與「修己」的思想，重用士人，不僅可使社會上最優秀分子殫精竭智為政府效勞，且可導致政治上安定的氣氛，對於在位的君主和王朝是絕對有利的。

士人政治形成以後，對於中國的古代政治發生了一個甚大的影響。由於士人在政治舞臺上扮演主要角色，武人的政治地位下降，尤其是唐中葉以後，武人常為社會所輕視，唐代從武后到懿宗之間武人地位相當低落，加上宋代君主有意地重文抑武，遂使武人除非在戰亂時期甚少有政治上的決策參與權。中國士人既重「守己」，又極端尊重「傳統」，於是士人當政的局面造成中國古代政治上的保守性，缺乏進取與改革的精神，以國家疆域為例，中國古代文化之高度發展、人口之眾多、物資之豐富，與鄰近的小國之文化落後、人口之稀少、物資之貧乏正成對比，中國如果要積極擴張疆域，並不是太困難的事，然而，在士人政治的強大保守性之下，對於鄰近小國都採取安撫而不兼併的政策，除了元代以外(元代是極少士人政治氣息的一個時代)中

20.《史記・巷九十九・叔孫通傳》。

國很少以武力大舉對外開疆拓土的，秦始皇、漢武帝、隋煬帝、唐太宗的征討外族（其實規模並不大），均引起當時或後世士人的譏評，因此，中國疆域的擴張只是靠著中國文化的同化力來進行，而未用武力來開拓疆土；再以政治制度為例，在士人政治的濃厚保守性下，一種政治制度常能實行相當長久的時間，如尚書六部之制，至少隋代已經確立，[21]一直到清末仍然沿襲，使用了一千三百多年；又如卿寺之制，秦漢已確立，[22]一直到清末仍然存在，其實許多卿寺已無事可做（在康梁變法中便主張把許多無事可做的卿寺衙門撤廢），只不過是保守傳統而不敢改革，竟沿襲了二千一百多年之久，時代是在前進而制度則固守不移，這使得中國古代政治很少有改進的表現（中國古代偶有「善治」，但那是出現了開明君主，而非政治制度改良的結果）。

任何政治組織皆是有階級性的，統治與被治便是明顯的兩個階級，白萊仕（James Bryce）即曾說，不論是以一人、少數人或多數人名義組成的政府總是實行少數統治（government by the few），[23]莫斯卡（Gaetano Mosca）也認為自古以來一切社會之中均有兩個階級，一個統治階級，一個被治階級。[24]不過，政治上希望長久維持一個安定的局面，那便要使少數的統治者不能成為一個停滯不動的階級，換句話說，少數的統治階級其人物一定要不斷地有變化，吸收優秀分子進入，否則革命的情緒便很容易爆發，拉斯威爾（H. D.

---

21. 尚書省設吏、戶、禮、兵、刑、工六部，其名稱始於隋代，見《隋書・卷二十八・百官志下》。而六部尚書則至少蕭梁、北齊已有，但名稱不同，見《隋書・卷二十六、二十七・百官志上、中》。
22. 閱曾資生著，《中國政治制度史》，第二冊第二章，頁八七—一二三。
23. 白萊仕的話轉引自："Politics — Who Gets What, When, How" p. 235.
24. Gaetano Mosca, "The Ruling Class," trans. by H. D. Kahn, 1939, p. 50.

Lasswell）說：「革命乃是優秀分子階級位置的改變。」[25]歷史上的任何事件都是由少數優秀分子來領導，製造成群眾行動，優秀分子如果不能以和平的方式上達至統治階級的位置，不滿的情緒自易形成，對當時存在的政權逐漸趨向於敵對的立場，時日久積，唯有走向革命的路子。

在古代的中國，君主雖掌握絕對的權力，但政治政策的策畫和行政工作的推動仍要依賴官吏來執行，所以，除皇帝外，官吏也應該是中國古代的統治階級。自秦漢以來，中國的統治階級可變性便很大，在春秋戰國時代為人們視為特異的「布衣卿相」，至秦漢以後成為慣常現象，尤其在實行考試制度以後，優秀人才可以經由科舉的路子而踏上政治舞臺，所謂「十載寒窗無人知，一舉成名天下聞」，便是只要遵循一定的途徑，埋首努力，就可以由被治階級一躍而成為統治階級的一分子；人才的流轉既無障礙，革命的情緒便不易上漲，中國古代許多王朝在三、四任皇帝以後，便形成君主昏庸暴虐、政治腐敗的情形，然而王朝卻能繼續生存下去（明朝便是顯著的例子），優秀分子自覺有上達成為統治階級的機會而不願傾向革命是一個重要的原因。所以，在統治階級的可變性大的情形下，中國古代政治比較容易維持一個長時期安定的局面。

---

25. Harold D. Lasswell, "Politics——Who Gets What, When, How". p. 154.

中國古代政治的兩個層面

所謂「中國古代」，我所指的是從秦漢一直到清代末年為止，在這超過兩千年的長時間裡，表現出來的政治型態是「君主專制」。然而，在中國古代政治裡卻有著兩個層面，一個是實際的層面，一個是理想的層面。實際層面是歷史上所能見到的政治活動，理想層面是古人一直在追求的政治理想目標。

中國人是一個有理想的民族，對於政治方面，究竟怎樣才是一個理想的政治有許多看法，先秦諸子的思想中，對於政治都勾畫出來一個理想的境界，不過，秦漢以後，由於儒家思想得勢，成為中國的「正統」思想，於是一般便以儒家的政治理想作為政治的理想層面了。

所謂「層面」是由許多「點」集合而成的，中國古代政治的理想層面也是由許多理想點集合而成。中國古代政治的理想點非常多，實在沒有辦法一一指出來，不過，下面五個理想點是十分重要而明顯的，這五個重要的理想點是：（1）大同世界；（2）和平精神；（3）倫理道德；（4）仁民愛物；（5）賢人政治。下面試把這五點簡單說明一下：

大同世界

大同世界是中國人對政治的最高理想境界，「大同」一辭出於《禮記・禮運大同篇》：「大道之行也，天下為公，選賢與能，講信修睦。故人不獨親其親，不獨子其子，使老有所終，壯有所用，幼有所長，鰥寡孤獨廢疾者皆有所養，男有分，女有歸，貨惡其棄於地也，不必藏於己，力惡其不出於身也，不必為己。是故謀閉而不興，盜竊亂賊而不作，故外戶而不閉，是謂大同。」就這段話來分析，所謂「大同世界」應該是一個在政治上實行民治，在經濟上實行共有共享的社會，在大同世界裡，人性發展到了圓滿的境界，不但和諧地共享社會的物資，而且都能過著有人性尊嚴的生活，彼此互尊互重，所以大同世界的現象便是「天下為公」。

和平精神

中國人的「大同世界」的理想絕不是以武力來統治全世界，中國人的「大同世界」理想並非領土的擴張，而是社會上呈現一片祥和之氣，所以「和平」是中國古代政治所追求的理想，中國人常稱讚的「盛世」如西漢的文景之治，東漢的明章之治，唐代的貞觀之治、開元之治，都是和平安樂的時代，中國人稱讚這些時代，因為這些時代的「和平」景象接近中國人的理想。中國領土自夏代以來不斷地擴張，依靠的是和平的文化融和力，而不是戰爭的軍事征服，這便是中國人具有和平精神的具體證明。

倫理道德

中國人是一個倫理思想十分濃厚的民族，倫理思想便由家族而推衍到政治，在古代，政治上的君臣關係常用來和家庭中的父子關係相比，君比為父，臣比為子，所以「君父」常連稱，「臣子」常連稱。在家庭中父子間的態度是「父慈子孝」，在政治上君臣間的態度是「君禮臣忠」，孔子說：「君使臣以禮，臣事君以忠。」便是君臣之間一個標準的態度。君臣如家人，這是古代君臣關係的一個理想。由於將倫理推衍到政治上而產生了君臣如家人的理想，家人相處，處處都要顧到個人道德，君臣相處也就同樣要顧到個人道德，所以，不但臣子要注意個人道德，就是君主也要講究個人道德。西方人常把政治和個人道德分開，中國人卻認為二者是不可分的，「德」與「位」兼備才是一個理想的政治，在一個朝廷裡，上有有道之君，下有正直之臣，這個政府才是理想的。

仁民愛物

由於將倫理道德推行到政治上去，因此，君主是全國臣民的大家長，君主常稱其百姓為「子民」，便是自視為大家長，家長對於家人應該愛護照顧，君主推行「仁民愛物」的「仁政」也就成為一種應有的行為，「仁政」是古來一直被歌頌的理想政治，堯舜時代之所以受到先賢先哲們的讚揚，便是由於堯舜時代被認為是推行「仁政」的楷模。中國在民國以前從來沒有出現過民主政治，人民沒有集合的大力量來保護自己的利益，「仁政」思想乃是在君主專制時代為人民求得利益保障的一項工具，於是「仁政」之下的政治才是理想的政治。

賢人政治

中國人一向相信人的才智有賢愚之分，賢者應該居於政治的高位，來教導和治理一般才智較低下的百姓，《禮記》所說「選賢與能」，便是主張賢人政治的最好說明。中國古代的政治權力是單純地由上而下的，沒有像民主政治由下而上的反流權力，在古代這種單純的由上而下的政治權力中，權力系統中的任何一級權力掌握者如果濫用權力，人民便要大受其害，要使人民得利而避害，就不得不提倡賢人政治，使權力系統中的每一級都十分完美，在最下層的人民就不會受害了。所以，賢人政治和仁政思想實在是雙生兄弟，有仁政思想必須要依靠賢人政治來實現，有賢人政治一定會使仁政思想開花結果。

以上五點可說是中國古代政治理想層面的主要理想點，從這五個理想點大致可以看出來古代理想政治是一個賢者在位、上下和諧、人民安樂、和平進步、內外融洽的狀態。

不過，從中國歷史演變來看，中國自有可靠的歷史記載以來，一直到清末都是君主專制的政體，從來沒有出現過民主政治，而中國的君主又是握有實權的君主，不像近代英國的國王或女王只是一個虛位元首。數千年來，中國古代的知識分子都認為「國不可一日無君」，君主成為古代政治上必備的東西，中國古代的革命很多，但是打倒了一個君主，起而代之的又是一個君主，推翻了一個王朝，起而代之的又是一個王朝，民主政治始終無法出現，在國父倡導革命，主張建立民國以前，君主的地位和存在幾乎不受人懷疑。

中國古代的君主在理論上說是受命於「天」，君主要受「天意」的監督，可是「天」只是一個抽象的觀念而已。「天」並不能真的表示意志，「天」也不能真的控制君主。中國古代是有法律的，但是君主超乎法律之上，法律的對象只是臣民而非君主，中國古代的君主大概只受自己的觀念、想法和良心控制，觀念、想法和良心都是出自君主的本身，外界並沒有一種強制力可以駕馭君主，有人說漢代的君權要比宋代以後的君權為小，其實，漢代的君權和宋代以後的君權一樣，都沒有受到法律的限制，只不過漢代的君主受自己觀念和想法的影響，自動願意接受大臣意見和部分法律的限制而已，於是便顯得好像漢代的君權要小一些，其實，古代君權都是一樣漫無限制的。自夏代以來，君位是世襲的，君位的世襲由於血統而不由於賢能，世襲的君主由於生活環境的影響，不但不能保證必定賢能，而且往往有越到後來越愚劣的現象，我們大致可以分析一下古代世襲君主越到後來越愚劣與其生活環境的關係：

（1）在生活享受方面：世襲的君主生於榮華富貴，養尊處優，在體力和智力上都缺少磨練的機會，使得世襲的君主在體力和智力上都不是一位強者。

（2）在心理上：世襲的君主自出生以來就被別人看成是一個特殊的人，只聽到恭維和歌頌，極少聽到指責和批評，一個人長期聽到恭維和歌頌，極容易產生錯覺，認為自己的確真是個無缺點的偉人，等到這種錯覺形成，任何的指責和批評都會被看成是對君主權威的挑戰，這些挑戰是絕對不能忍受的，於是所有的指責和批評都會受到君主的處罰。同時，在古代君主專制政體之下，整個國家都被看成是君主個人的私產，所以漢高祖即位後對他的父親說：「始大人常以臣亡賴，不能治產業，不如仲力，今某之業所就，孰與仲多？」這完全表露君主以全國為私產的想法，這種想法一直到清末的君主莫不皆然。一方面君主受到長期的恭維和歌頌，產生自視為「完人」的錯覺，一方面又自視為全國政治經濟的主人，於是心理上最易造成自傲自大，離群孤僻的心理。

（3）在生活常識方面：世襲的君主自小即長於深宮，未與外間廣大世界接觸，於是不了解世事人情，甚至缺乏常識，言行難免幼稚可笑，指鹿為馬的故事固然是趙高的奸滑，卻也表現出秦二世的缺乏常識；晉惠帝「何不食肉糜」之言固然是惠帝智力低下，但也表示惠帝不知世事，不知米與肉何者易得，何者價賤。

（4）在教育方面：古代世襲君主所受的教育，是一種特殊的教育，也可以說是一種畸形教育——一個學生，許多老師，這許多老師對唯一的學生又不敢強制或指責，反而要順學生的脾氣，既無考試，又無懲罰，如何能使學生有進步？教材都是古聖賢的遺書，全是教條式的格言，最易招致反感，對外又沒有其他對手競爭，如何能引起學生好強爭勝而求進步的心理？在這種畸形教育之下，作為太子的人能好好讀書者真是百難得一。總之，由於過分的享受，心理的不正常，缺乏對現實世界的了解和教育的失敗，使得世襲的君主越往後越糟，大多數世襲的君主都是體力上和智力上的低能者、愚劣者，一個愚劣的人手握無限的權力，其結果是可以想像得到的，於是表現在中國古代實際政治上的現象常是小人在位，上下爭利，殘暴百姓，這和理想的政治大不相同，甚至背道而馳。所以，在中國古代，政治的理想層面和實際層面是有距離的。

中國古代政治的理想層面和實際層面有距離，不能合而為一，原因很多，主要的一個原因是中國人太喜歡標榜理想，卻常常忽略了達到理想的手段和方法，我們常批評西方人「只問目的，不擇手段」，可是中國古人卻常犯「只問目的，忽略手段」的毛病，中國古人很有說大道理的本領，卻很少告訴人怎麼樣去做才能實現這些大道理，這種只喜歡講理想、講目的卻忽略了達到理想和目的的手段與方法，於是使得理想只成為高高在上的榮譽標誌，當然常談理想也未嘗不可以激勵人心，但是人們除了自己摸索以外，卻不知道該用什麼方法才能達到理想。個人的摸索是十分困難的一件事，要摸索出一條路來，那就像發明家研究一項新發明一樣的困難，尤其在人文社會裡，個人的摸索未必就會正確，例如王莽的改革是以《周禮》作典範的，《周禮》是儒家政治的理想圖，王莽是照著這個理想去做的，可是王莽失敗了，王莽失敗的主要原因便是政治方法和手段的錯誤，王莽仰著脖子看高掛著的理想，腳下卻高一腳低一腳地亂走，最後一定踩空而摔了跤，這是王莽只顧到漂亮的高理想而忘記了該如何去修築一條到理想的路，以至於弄到了一場大失敗。

再舉一個例說，中國人喜歡月亮，中國古人喜歡寫文章、寫詩來歌頌月亮，喜歡講嫦娥奔月的故事，但是卻不知道也極少人去研究用什麼方法才可以到月亮上去，於是月亮始終是一個遙不可及的理想地方。在政治上，我們講過最高的理想境界是大同世界，然而大同世界只不過是個理想境界，要想達到這個境界該用什麼方法？卻沒有答案，於是，大同世界便像古人對月亮一樣，只是一個歌頌、欣賞的對象，卻無法獲得。從秦漢以後，一般知識分子受儒家思想影響，多喜歡高唱「治國、平天下」，然而，如何才能治國？如何才能天下平？卻少有人去研究，《大學》裡說的：「身修而後家齊，家齊而後國治，國治而後天下平。」這只不過是個人修養的順序而已，在春秋時代的小國裡，貴族的「家」和他的「國」常是合而為一的，國君的「家務」常就是「國務」，所以一個封建小國的國君因為地小人寡，也許還可以由身修、家齊而影響到國治，但是秦漢以後大一統的中國，地廣人眾，政治已經不限於君主的一個家族，政治漸漸成為一個複雜的技術，政府也成為一個複雜的組織，絕不像封建小國的「世官制度」下的那麼單純，於是一個身已修、家已齊的人是否真能夠治國、平天下，就大成為問題，一個身已修、家已齊的人要想治國、平天下，還得加上許多其他的條件，不過究竟要加上什麼條件才能達到國治、天下平，幾乎沒有人提出過具體而有系統的答案。在《禮記・禮運篇》裡所記的大同世界可以說是一個民主政治的型態，然而如何才能達到這個民主政治型態的大同世界呢？中國古代的先賢先哲們也沒有提出答案。

固然，我們不能否認理想是重要的，但是如果不講求達到這個理想的方法，那麼這個理想只是一項高不可攀的欣賞品而已，就像一個人站在一條河邊，欣賞對岸美麗的樂園，可是河邊的人如果只是歌頌樂園的美麗而不去努力尋找渡河的方法，那麼他永遠也踏不上對岸樂園的土地。由於中國人喜歡標榜理想，卻忽略了方法和手段，所以造成了古代政治理想層面和實際層面之間的距離，使得實際政治達不到理想的境界。

前面說過，中國古代政治理想層面和實際層面不能重合，主要的原因是由於中國人太喜歡標榜理想而忽略了達到理想的方法，其實，中國古代政治的型態——君主專制政體，其本身便是理想層面實現的障礙。在君主專制政體下，中國古代的君主是政治的主體，是政治的主權者，他掌握了政治上的實權，因此，政治的良窳與君主本身的作為密不可分，而古代君主在主觀的世襲制度和客觀的生活環境雙重影響下，很難塑造出完美的人格，更難磨練出超群的才能，大多數的君主只是沉迷在政治權力的享受，很少具有崇高的理想，政治實際的主權者本身既然都沒有理想，當然不能使實際政治到達理想的境界，所以，實際層面不能和理想層面重合，君主專制政體便是一個基本的原因。

雖然，中國古代政治的理想層面和實際層面有距離，但是由於有一個理想層面高懸著，縱然理想層面不容易達到，但無論如何人們總還是以理想層面為目標，想方設法使實際政治盡量接近理想層面，理想層面就像海裡的一個燈塔，政治實際層面就像海上的一條船，這條船由於本身的原因始終到不了燈塔，可是這條船卻經常以燈塔為目標來觀察本身的位置，不至於隨風漂流、迷失方向，所以理想層面對於實際層面便產生了一個重大的影響。因為中國古代實際政治是一個君主專制的政治，很容易走上君主獨裁殘暴政治的路子，不過，由於有理想層面作為目標，君主和臣子們經常會觀察自己所立的實際層面離理想層面有多遠，君主和臣子們都希望能使當時的實際政治更接近理想層面一點，於是，實際政治便不至於走到獨裁暴政的路子，有人說中國古代政治是開明君主專制，那便是由於有理想層面做目標的緣故。

因為古代政治有理想層面，所以使實際政治不至於變得太壞，我們可以舉兩個例子來說明。

剛才說過，「仁政」思想是中國古代政治的理想，「仁政」的理論基礎是

「民本思想」，民本思想淵源極早，《尚書》有言：「民惟邦本，本固邦寧。」從此，「民惟邦本」一詞便啟發了民本思想，孟子更是提倡民本思想的大將，孟子所說「民為貴，社稷次之，君為輕」，成為民本思想的名言，民本思想的精義乃是「以人民為政治的主體」，即「天下非一人之天下也，天下人之天下也」，於是一切政治措施當然應該以人民利益為依歸；換句話說，就是要推行「仁政」。民本思想與民主政治在精神上是相似的，但實質上是有差異的，民主政治下一切政治措施的主動權操之在民，人民可以積極地爭取自己的利益，民本思想則一切政治措施的主動權操之在君，君應該為人民的利益著想，所以民主是積極的、主動的，民本是消極的、被動的。中國古代有民本思想而未能演進為民主政治，至少有兩個重要的原因：

（1）環境的原因：民主不是一種空論，乃是由實際行為演變而來，從遠古時代希臘城邦實行民主政治的史例來看，民主政治的產生是要一個有利於民主政治實行的環境——國小人寡，在一個廣土眾民的國家裡，當大眾傳播工具尚未發達之時，全國人民是無法集合在一起來表示群體的意見的，中國自有歷史記載以來就是一個大國，絕不是一個城就構成一個國的古希臘可比，因此，人民的意志沒有辦法表達出來。

（2）觀念上的原因：民主政治有一個基本觀念，就是「平等」，以選舉方式產生議員或政府官員，每人一票，不問賢愚票票相等，由於這個「平等」的原則，所以民主政治是注重「量」而不太注重「質」的。但是，中國人是相信「上智」與「下愚」是不能拉成平等的，智者應該指導愚者，愚者應該服從智者，智者是應該居於上位的，所謂「作之君，作之師」，即是政治上居上位的人也同時是人民的「師」，所以，中國人向來相信「賢人政治」，把「賢人政治」當作一種理想的政治，既然相信「賢人」，「賢人」的地位與重要性自然和一般人不同，換句話說，便是注重「質」而不太注重「量」，在特別注重

「質」的觀念之下，依靠每人一票，每票相等的多數決民主政治便自然無法產生了。

所以，中國古代之沒有民主政治並不是中國人的聰明才智不如古希臘人，而是在客觀的環境和主觀的觀念雙重影響下，使中國人走向另一條政治路子上去。中國古代的實際政治是君主專制，君主由於生活環境的關係，很容易成為昏庸之主，加上手握無限的權力，這個昏庸之主很容易變成只顧自己享受，不管人民死活的暴君，然而，每當君主有變為暴君的趨勢之時，朝廷的大臣由於受了「民本思想」的影響，總有人出來諍諫，甚至不惜拚死為民請命，使中國古代的政治不至於掉到黑暗的深淵裡去。

中國自秦漢以來便是亞洲的大國強國，四周的鄰國則是小國弱國，這樣的國家很容易走上軍國主義的路子，內部武裝，對外侵略。然而，中國古代政治的理想層面中有一個和平精神，所以，中國古人不大頌揚武力，古代詩人很多，但絕少頌揚戰爭的作品，有人也以詩來描寫戰爭，但都是寫戰場上的慘象，流露出對戰爭的痛恨，當一個君主戰勝歸來，也許會受到臣子們的讚美，但那只是一種討好與諂媚，後人對前代君主戰爭的褒貶才是真正的評價，我們發現君主內政的修明常得到後人的歌頌，而對外戰爭的勝利卻很少受到後人的歌頌，這和西方人經常歌頌凱旋回來的戰士完全不同，這就是受了中國古代政治理想層面中的和平精神的影響。中國自戰國時代以來，民族意識不斷地擴大，「諸夏」的範圍本來很小，只限於黃河下游一帶，其後不斷擴大，擴大到長江流域、粵江流域、長城以北，中國人的民族意識在戰國以後是注重文化而不注重血統的，許多非漢族血統的人只要接受中國文化，中國便承認他為中華民族的一分子，例如漢武帝時代，漢朝和匈奴是敵對的，然而漢武帝臨死託孤的輔政大臣之一金日磾便是接受漢化的匈奴王子，漢人不但沒有歧視他，連漢武帝也不懷疑他有二心，主要是當時漢朝君臣都忽略了血統問題，認為文化才是民族的分界，金日磾血統雖屬匈奴，文化則為漢族，因此漢人把他看成是同族。唐代安史之亂，安祿山雖是胡人，但唐政府並沒有因此而歧視和懷疑胡人，唐政府仍然重用非漢族的將領，如平定安史之亂的主將李光弼便是契丹人，其他立功的將領非漢族者尚多，不過，這些為唐室効忠的將領多是漢化已深，雖然血統是胡人，就文化來說則是漢人，所以唐政府也就很放心地任用他們了。唐代宰相共三百六十九人，其中為外族者三十二人，幾乎占十分之一之多，不過這三十二位血統為外族的宰相在文化上早已漢化，所以唐朝君臣都沒有把他們視為外族了，唐陳黯說：「華夷者，辨在心。」心即是文化，這正是中國人對民族的看法，凡外族已接受中國文化者，即視同中國人，不再追究他的血統。

中國人的民族觀點既然是重文化而不重血統，所以中華民族由黃河流域逐漸向外擴張，今日中華民族其實由許多不同血統的部族融合而成，其中著名的部族如漢族、蒙古族、女真族、匈奴、鮮卑、苗族等等，這大中華民族的結合是經由和平的文化融合，並不是由某一族以武力征服另一族而來。由民族觀念可以看出中國人具有崇高的和平理想，這個理想層面經常影響到實際層面，中國人在實際政治上所稱讚的「盛世」並不以軍功為標準，而是以內政清明、社會安定、經濟繁榮為標準，中國人很少歌頌成吉思汗，因為成吉思汗和中國古代政治的和平理想背道而馳，漢武帝伐匈奴、通西域，武功鼎盛，但中國古人卻很少讚揚漢武帝的武功，中國人喜歡稱讚西漢的文景之治，因為漢文帝、景帝時是一個和平時代，和理想層面比較接近。

中國古代政治雖有兩個層面，不過這兩個層面是一靜一動的。理想的層面是不動的，那是高懸在上的固定標準，而實際層面則是可動的；由於實際層面是可動的，於是它和理想層面的距離便有時接近，有時又遠離。當實際層面和理想層面越接近時，這時候的政治情況越好；反之，當實際層面和理想層面距離越遠，這時候的政治情況便越壞，所以我們要衡量某一個時代的政治好壞，常可以用理想層面作標準來測量。

一般談中國歷史或者中國古代政治的學者，有的人把中國古代政治看成是一個極好極美的政治，他們說中國人早就有大同世界的理想，有民本仁政的思想，有和平自由的精神，這些都是極為高尚完美；可是另外有的人卻把中國古代政治看成是一個極壞極醜的政治，他們舉出許多暴君昏君的所作所為來證明中國古代政治的壞和醜。其實這兩種看法都是有偏差的，把中國古代政治看成極美極好，是只注意到中國古代政治的理想層面；把中國古代政治看成極壞極醜，是只注意到中國古代政治的實際層面的最低峰，也就是和理想層面距離最遠的實際層面。其實，中國古代政治是有理想和實際兩個層面，要了解中國古代政治的真面貌不能只顧到理想層面，也不能只顧到實際層面，只顧到理想層面，那種觀察就像看一張畫像，經過畫家的修飾，把缺點都盡可能掩飾去，表現出來是一幅完美的畫，但這幅畫和真實的實物未必完全相同；只顧到實際層面，那種觀察就像看到一個早上剛起床尚未梳洗還是蓬頭垢面的女子一樣，以這時的印象對這個女子作評價也同樣是不正確的。我們應該把理想層面和現實層面兼而顧及，才能看出中國古代政治的真相。

使王朝死亡的基本因子——君主

明太祖說：「自古無千載國家。」翻閱史籍，中國古代王朝國祚長短不一，短的如五代後漢只有四年，長的像周代包括東西周也不過八百年，故中國古代王朝確實沒有出現超過千載的，一個王朝政權建立就可以料想到將來必定會滅亡。為何一個王朝一定會覆亡而不能像秦始皇所說的王位可以傳諸萬萬世而不滅？各王朝滅亡因素固然不同，或因政治因素，或因經濟、軍事等因素促使其滅亡，但其實一個王朝本身就蘊含了一個死亡的因子，也就是君主本身。漢代儒者仲長統曾有段精闢之論：

繼體之時，民心定矣，普天之下，賴我而得生育，由我而得富貴，安居樂業，長養子孫，天下晏然皆歸心於我矣，豪傑之心既絕，士民之心已定，貴有常家，尊在一人，當此之時，雖下愚之才居之，猶能恩同天地，威侔鬼神，暴風疾霆，不足以方其怒，陽春時雨，不足以喻其澤，周孔數千，無所復角其聖，賁育百萬，無所復奮其勇矣。彼後世之愚主，見天下莫敢與之違，自謂若天地之不可亡也，乃奔其私嗜，騁其邪欲，君臣宣淫，上下同惡，目極角觝之觀，耳窮鄭衛之聲，入則耽於婦人，出則馳於田獵，荒廢庶政，棄亡人物……使餓狼守庖廚，饑虎牧牢豚，遂至熬天下之脂膏，斲生人之骨髓，怨毒無聊，禍亂並起……昔之為我哺乳之子孫者，今盡是我飲血之寇讎也。至於運徙勢去，猶不覺悟者，豈非富貴生不仁，沉溺致愚疾邪？存亡以之迭代，政亂從此周復，天道常然之大數也。

仲長統這段話說明了君主濫用權力會造成天怒人怨，使人民起來反對他。所以許多朝代末年造成該朝覆亡的政治、經濟、軍事因素等都是外在因素，為何會有這些外在因素？實際上是有個內在因素所促成，即君主本身，所以君主本身實際上就是造成王朝死亡的一個基本因子。

仲長統的話是兩千年前說的，確實很有先見，但是他的話沒有做深入分析，如果我們分析中國兩三千年歷史，君主是王朝死亡的內在基本因素是有道理的。我們可以先從君主的生活跟心理狀況，以及這些狀況會造成什麼樣的結果，來分析這個問題。

君主生活與心理狀況的五大重點

首先來看君主的生活與心理狀況，這其中有五個值得提出的重點：

生活的環境

君主從幼年到死亡的生活環境是在深宮之內，除了極少數的幾個君主，像秦始皇、隋煬帝、乾隆皇帝等喜歡去各地遊歷外，其他君主是很少離開深宮的。君主從小生長在深宮中，而這個皇宮是被高聳圍牆四面圍住與外界隔絕，因此其生長環境孤絕封閉與眾不同，常接觸的人幾乎都是后妃、宦官與少數外戚，其他的人包括大臣在內，只有在上朝時才可見，君主在其餘時間也很少見到其他的人。所以君主對外接觸不多，尤其在中國古代沒有報紙、電視廣播、雜誌等媒體，故他對外界實際狀況其實了解不深。所以這種與世隔絕的封閉環境會造成君主三個特質：（1）君主的人情世故不夠練達；（2）君主並不了解一般人民大眾的生活實情；（3）君主許多價值觀念大異於一般人民。以上這些是君主在封閉式生活環境中成長導致的結果。

教育

中國君主如何受教育？在史籍中很少記載。我們不知道一般君主的教育情形如何，但較能了解到的是清朝光緒皇帝的讀書生活，因為光緒的師傅翁同龢曾寫過很詳細的日記流傳至今，可以為我們所見。從《翁同龢日記》中我們可以看出光緒皇帝念書經歷，並從中發現三個問題：

（1）教材：君主念些什麼書籍？主要是《四書》、《五經》還有其他中國古代重要典籍，由這些教材，我們可看出光緒所受的教育其實是道德教育，且這些教材多半只是道德的條列，以今天眼光來看其實是很八股式的道德教育。

（2）教法：中國古代沒有專門研究如何教學生的職業教師，教育君主的師傅是選擇朝中學問較好的大官來擔任。然而這些大官並沒有受過如何教育的訓練課程，其本身未必懂得如何去教育學生，所以做師傅的如何懂得教育？我們可以從《翁同龢日記》看出翁同龢其實已可算是位非常盡心盡力的老師，但是他也只是教光緒背書寫字而已，很少去講解書中內容與道理。所以這種教法是非常刻板的，不像今天教法那麼靈活，有許多引起學生學習動機的教具，在古代宮廷中似乎都沒有這些教具，老師只是讓皇帝學生背書寫字而已。這種非常呆板的教學如何引起學生興趣？難怪中國古代君主都受過教育，但堪稱有學問的君主實在很少，即是因為他從小受教育時就沒有培養出對讀書的興趣。

（3）訓導：每個學生在受教育時總會有很好或很差的表現，此時老師必須要給予獎或懲。獎，可以鼓勵學生繼續積極學習；懲，可以禁止學生走上不好的路。所以獎與懲是任何一位老師手裡引導學生的重要工具，就像一手拿著胡蘿蔔一手拿著棒子般，獎與懲都是不可或缺的。但是我們在《翁同龢日記》中可看出翁同龢對光緒是無法作獎懲的，他能獎勵皇帝什麼呢？只有皇帝才能獎勵臣子，哪有臣子可以獎勵皇帝的呢？且翁同龢不可能賜給皇帝任何物資，因為理論上皇帝擁有物資比作師傅的臣子還多得多，同樣翁同龢也不能頒獎狀給光緒以資獎勵，因為這樣會違逆君臣之道，哪有臣子可以頒給君主獎狀的道理呢？因此當皇帝學生鬧情緒或不用功讀書的時候，作老師的也沒有辦法。《翁同龢日記》內就曾記載當光緒鬧情緒時，翁同龢只能自責，感慨不知如何是好，認為是自己作師傅的誠心不夠，不足以感動光緒皇帝，其實我們想這不是作老師誠心不夠的問題，而是他無法獎懲所導致的。同時，君主受教育時往往只有他一個人，無法受到同儕的刺激與競爭。在正常學校中的學生為何會努力？是因為有競賽刺激學生們的榮譽心，彼此想互相競爭搶第一名所以肯拚命努力。可是我們看翁同龢對光緒是一對一的教學，光緒再不努力也是第一名也同樣是最後一名，能刺激學生學習動機的吸引力不夠，無法激勵光緒在學習時力爭上游。以上是君主受教育時所出現的三個問題，這三個問題讓我們發覺到中國古代君主除極少數較有學問外，絕大多數都沒什麼學問，所以我們可說中國古代君主教育多半是失敗的。

權威的心理

每個人都有權威感，只是或多或少的問題。我們常聽人說：人，多喜歡跟人辯論，也喜歡護短。這其中主要原因就是人會覺得：我不辯論、我不護短、我承認我錯，這會損害到我的權威而太沒面子。所以每個人多少有這種權威感，而全國權威感最重的就是君主，因為君主擁有最大權力，受全國人民的尊敬、崇拜、服從，所以君主在自己不知不覺的情況下，權威感越來越大，尤其在位越久的君主權威感越強。我們常看到歷史上的君主在剛即位時有時會表示謙虛，還能夠接納大臣們的諍諫與批評，但是日子久了，君主發現歌功頌德的馬屁臣子越來越多，於是在長期聽久了這些歌功頌德聲音下，君主就會產生一種錯誤心理，認為天天都有人歌頌我多麼偉大，自己真是天生的堯舜聖君，不知不覺間這種錯誤心理慢慢成長且根深柢固，就再不能接納任何外界的批評。所以我們可看到歷史上在位越久的君主越不能納諫，因為他的權威心理已牢不可破，誰要是批評他、勸諫他，就是挑戰他的權威，這就是君主在擁有最大權力環境下所養成的自大心理。

交友的困難

每個人都需要平輩的朋友，跟平輩朋友可以談天，可以講自己心裡的知心話，可以傾吐發洩內心情感。這些平輩朋友是人所必備，因為人往往對長輩不方便講這些，對晚輩更不方便講，所以平輩朋友是非常重要的心理溝通橋梁，然而中國古代君主就是缺少了平輩的朋友。中國人最喜歡把比自己高輩分的人定位出來，叫做：天、地、君、親、師。天、地是抽象的；親則有很多，如父親、母親、祖父、祖母、叔叔、伯伯都是親；師，一個人從小到大則有更多的老師。親與師都有自己的平輩，如父親母親都有自己平輩朋友，老師同樣也有，學校裡的一群老師互相都是平輩。可是唯有君，也就是君主，在中國古代只能有一個君，無法有第二個，一個君主即位做皇帝後就沒有平輩，即使他的兄弟在血統上倫理上是他的平輩，但是在政治上說起來仍是他的臣子，甚至他的叔叔伯伯在政治上也是臣子而不是平輩，所以君主沒有一個平輩朋友。整個中國古代社會結構中概只有君主是獨一無二的，交不到平輩朋友對君主來說並非好事，因為君主沒有平輩朋友就會缺少傾吐心事的對象，也不會有人敢跟他說真話，因為所有的人都是他的臣子，都有求於他，此時又是誰敢說真話？除非這位君主相當聰明，能分辨臣子中有哪幾位敢說真話而多數都在說假話，否則就會被蒙蔽，這就是因為君主缺少交平輩朋友的機會，而這也是君主生活中的一個特質。

皇位的保持心理

君主的心理面最重要的是什麼？便是皇位的保持，因為君主若無法保持皇位，則所有權力都將化為烏有，對他來說這將是世界的毀滅。所以君主跟一般常人的想法會有不同，有的常人認為人生最重要的事情該是孝順父母、愛護妻子兒女，也有人會覺得人生該以效忠國家或服務社會為上，有些人則認為人生該拚命賺錢才是最重要的。但君主認為人生最重要的就是保住自己的皇位，不但是自己要能保住而且還要讓子子孫孫也能夠保住皇位，君主這種心理是非常強烈的，所以對君主而言其他的價值觀念如道德、財富、功名利祿等都不及保住皇位來得重要，君主往往不顧一切保住皇位並視此為最重要事，這是他與一般人想法最大不同之處。一般人也許會認為做官，官職若丟了也就算了，若做生意，失敗了可能也就算了，都可以另起爐灶東山再起，但是君主根本不行如此，所以君主在思考各種價值時，往往會認為最有價值的還是皇位的保持。

產生的五個結果

以上五點是中國君主在生活跟心理上最值得提出的一個課題，然而由這五個特性會造成下面將講的五個結果：

決策錯誤

中國古代君主具有實權，國家重要人事和政策安排，都是君主所決定。而前面所談的五個君主生活與心理狀態，很容易造成決策錯誤。

（1）君主的生活環境是個閉塞環境。這種環境下的君主對外界缺少了解，除了上朝能見到的文武大臣外，多數時候都待在皇宮內，所接觸的只是后妃、宮女、宦官，跟少數外戚，然而這些人其實都是同類型的人，所以君主對各式各樣的人接觸非常少。一個人要判斷另個人是正人君子還是卑鄙小人往往要靠生活經驗，我們常說某人一眼就能看出誰是好人誰是壞人，因為他「閱人多矣」，所以他一定要看過各種不同樣的人，才可能分辨出該人的忠奸良鄙，可是古代君主所接觸的人其實相當單純，所以在用人時就會產生一個問題，即往往很難分辨誰是正人君子誰是奸佞小人。三國時諸葛亮告誡蜀漢後主劉禪，要劉禪親君子遠小人，這句話只是個原則，問題是劉禪自小生長於深宮內，又怎能分辨誰是君子誰是小人呢？現實人生中不像京劇中人物般有著一張臉譜明示善惡，現實生活中人的臉可能跟他真實的人格並不相稱，有的人是面帶忠厚卻內藏奸詐，有的人是面帶凶惡卻菩薩心腸，因此要分辨一個人並非容易。君主實際上對於人物所見不多，縱使在外面上朝，也只是匆匆一見未能深談，所以也難知道此人究竟是好是壞。我們可看歷代君主其實都很希望能用好人或正直君子，然而卻不能真正分辨，結果君主往往錯認為來討好他的才是正直的好人，反認為那些批評他的是壞人。在唐德宗時有位宰相叫做盧杞，盧杞實際上是位非常奸詐又心術不正做盡壞事的人，可是德宗皇帝卻非常信任他，李勉就曾經對唐德宗說：天下人人都知盧杞之惡，陛下卻以盧杞為善（《舊唐書・李勉傳》）。這話說得很坦白，其實外面的人都看出盧杞是做壞事的人，可是唐德宗看不出來，為何？因為盧杞在唐德宗面前會拍馬屁討好，所以唐德宗會認為盧杞對自己很好當然是正直好人，這就是君主往往會被小人所蒙蔽，因為他閱人太少，而他閱人之所以太少是因為生活環境封閉所造成。

（2）君主的教育失敗。君主受的教育是道德教育，然而君主要面對的是現實政治問題，但在君主的養成教育階段卻沒學過如何處理政治上各種問題，所以這種道德式教育對君主來說是不能幫助他如何做決策，君主所受的教育能在生活上實用者實在不多，所以君主往往十分欠缺實際知識。我們可舉個大家常聽到的例子：秦二世皇帝時，趙高當權，趙高騙秦二世，指著一隻鹿說牠是馬，秦二世竟然不能分辨鹿與馬，我們把這個故事稱為指鹿為馬，這個故事是讓人譏笑秦二世的愚蠢。其實我們覺得秦二世不是愚蠢，而是他在深宮中受教育時沒看過實際的鹿與馬怎麼分別，當時的教材也不像今日的小學生課本有鹿與馬的圖片可以幫助認識這兩種動物的區別，同時他也不能出深宮做課外教學看看實際上的鹿與馬有何不同，所以秦二世確實是不能分辨鹿與馬，這是皇帝在教育上所導致的知識不足。此外中國古代沒有報紙、雜誌、廣播、電視等傳播媒體，所以君主在深宮中足不出戶又沒這些媒體幫助教學，他的教育與知識實際上非常有限，在這種有限的知識下使他不能了解外界的實際情形。

我們再舉一個大家耳熟能詳的故事，就是晉惠帝「何不食肉糜」的故事。在晉朝某年天下鬧飢荒，晉惠帝看到飢民死在路邊，問左右的人說這些飢民為何會死？左右的人回答說是餓死的，晉惠帝問他們為什麼會餓死？為什麼不吃飯？左右的人回答說因為他們沒飯吃，晉惠帝於是說：「何不食肉糜？」什麼是肉糜呢？糜就是今日的粥，包括閩南語、客家話等許多漢語方言現在仍把粥叫做糜，肉糜就是肉粥。這個故事也是讓後人取笑晉惠帝是愚蠢的白癡，可是事實上不然，因為晉惠帝自小所受的教育沒有教導他到底是米貴還是肉貴，他在深宮中的生活每一餐都有一、兩碗飯，然而桌上卻有各種各樣的肉，所以在他的認知當然會覺得肉比較容易得到而飯比較稀少，沒有飯吃當然就吃更好得到的肉，這是他自己生長在封閉深宮中的特殊生活經驗所導致的錯誤認知，這種深宮生活經驗跟一般人不同，而晉惠帝又沒有受到知識性的教育，不了解養豬、養牛、打魚、種麥的不同，當然也不知道肉跟米何者便宜何者貴，這是晉惠帝在欠缺知識才造成的笑話。一個教育上知識上不足的人卻手握決策大權，這種決策非常容易出現錯誤。

（3）一個具有權威感的人比較不容易接受別人相反的意見。君主是最有權威感的人，所以他最難接受跟他不同的意見，中國古代君主肯於接納不同意見被稱為「納諫」，能納諫的君主實極為稀少，像唐太宗這樣能納諫的君主實是鳳毛麟角。不能接受別人意見的君主，他的決策也容易出現錯誤。

（4）君主是個沒有平輩朋友的人。平輩朋友通常是無求於他的，但君主所接觸到的都是他政治上的下屬，也都是有求於君主的人，君主的下屬往往很難反對君主。我們可以看到中國古代敢於向君主諍諫的臣子是極少的，絕大多數的臣子都是向皇帝獻媚討好，由於君主往往沒有能說真話的平輩朋友，所以聽不到不同的聲音，這對君主做決策極為不良，因為不同的聲音往往代表不同的角度看法，缺少不同角度的看法、討論很容易讓決策走向錯誤。

（5）君主對任何事情的考量最重要的是皇位保持。太過於重視保持皇位，往往很多決策就會發生錯誤。我們可以看一個例子：曹魏時代，魏文帝曹丕繼位，看到自己兄弟曹植、曹彰會威脅到自己皇位，所以魏文帝曹丕分封諸王時不給他們任何權力，而且對他們的行動處處限制，所以曹魏時代宗室諸王實際上形同被軟禁，造成宗室力量十分薄弱，於是司馬氏在沒有曹魏宗室力量反對下很容易就掌權，司馬懿、司馬師、司馬昭父子三人連續掌握曹魏大權，到了司馬炎時便可輕而易舉篡位。司馬炎即是晉武帝，鑑於曹魏削弱宗室而迅速滅亡，於是繼位後改用大封宗室諸王的方式來鞏固自己跟子孫的皇位，他給諸王土地和軍隊，因為他覺得這樣子反而對皇位較安全，所以晉朝的宗室諸王在擁有土地跟軍隊之下，在司馬炎駕崩不久後，也就是在前述何不食肉糜的晉惠帝時，就發生了所謂「八王之亂」，八王之亂後引起五胡亂華，西晉也就隨之滅亡。所以晉武帝司馬炎封宗室諸王給他們實權的政策實際上也是錯誤的，但導致這錯誤政策原因也是因為司馬炎要鞏固自己皇位。再舉一個例子：唐文宗即位時宦官跋扈，尤其宦官的幾個首領趾高氣昂，讓文宗皇帝覺得受到威脅，於是跟宰相宋申錫共同商量如何除掉宦官，然而消息洩漏為宦官所知，於是宦官就在外面放謠言說宋申錫要擁護漳王爭奪皇位推翻唐文宗，這謠言很快就傳到唐文宗耳裡，唐文宗聽了後不由分辨要誅殺宋申錫。誅殺宰相是件大事，滿朝文武皆感錯愕，紛紛上奏章認為宋申錫不可能擁護漳王來造反，其中有個奏章說得非常清楚，說：人臣之貴，不過宰相，宋申錫現在已經是宰相了，他擁立漳王後能做什麼呢？可見宋申錫擁立漳王謀反是不太可能的。一般人也可能會想到這謠言可能是宦官放出來挑撥文宗皇帝與宋申錫的，但唐文宗卻不這麼想，寧可錯怪宋申錫也以保持自己的皇位為要。最後由於大臣們的極力反對，宋申錫沒有被殺但被貶官，於是唐文宗想除去宦官的決策也就破局了。以上這些例子都可看出君主保持皇位之心是非常迫切，任何事情都不足以跟保持皇位相比，如此過於重視皇位的結果往往會失去理智造成決策的錯誤。

財政困難

（1）君主生活在一個閉塞的環境中不了解外界百姓如何過生活，往往在皇宮中就會盡量過最舒服享受的生活，奢侈浪費。因為皇帝不懂得比較外面民生如何疾苦，他也不知道自己的生活是如何豪華奢侈，而皇宮的開銷往往會造成國庫負擔沉重，因為皇宮開銷都需國家承擔，於是必然造成財政困難。

（2）君主是最具有權威感的人，如何樹立權威？權威的建立大概有兩種情形，一種是學問高深道德崇高，使人仰慕肅然起敬，這是學問道德的權威。第二種是他的生活享受是一般人所望塵莫及，他有發號施令的大權，生活超乎常人豐裕，使大家很羨慕，這也是權威，君主的權威當然不可能是前者而是後者。君主在他的生活環境中必然會建造出與眾不同的建築，所以皇宮雕樑畫棟非常宏偉，各種設施都是極盡奢侈，一般民間是不能仿造皇宮建築的，但君主如此奢侈會替國家財政造成很大負擔。

（3）君主最在意的是如何保住自己跟子孫的皇位，為了要如此，對自己的皇室宗親必須給很優渥的待遇，讓皇室宗室在社會上高人一等與眾不同，所以在中國歷史上各朝代對皇室宗親的開支負擔很重，對國家財政而言是很沉重的負擔。國家財政負擔重會造成許多問題，如政治、社會、文化等問題都會隨之而生。

在中國古代專制政權下，政權的支持力量有二：一是經濟，一是軍事，這如同人的兩腳，國家財政發生問題即表示經濟有了問題，經濟若是崩潰等於是兩隻腳斷了其中一隻，則此政權也很難維持下去。

大權的旁落

（1）君主居深宮之內，極少對外公開露面與接觸社會大眾，君主之命令與決策都是經由身邊的人傳達出去，這些傳達命令的人往往是最有權力的，因為他可以狐假虎威，假借君主的權威造就自己私有的權威，這就是為什麼中國古代常有權臣的出現。所謂權臣有兩種：一種是暗的，一種是明的。何謂暗的權臣？就是躲在皇帝的背後利用皇帝達成自己的意思，最著名的就是一些後宮妃子和宦官。又何謂明的權臣？即是自己居於政府內重要官職，並向大眾明白表示自己就是代表皇帝的決策者，這是真正的權臣，如漢代的霍光、曹操，唐朝的李林甫、楊國忠，宋朝的韓侂冑，明朝的嚴嵩、張居正等，這些都是明的權臣。不管是暗的或明的權臣，都是竊取了君主的權力，權臣有了這些權力卻不一定要負責，因為最終的政治責任都是君主要負。權臣當政雖不一定政治就壞，有的權臣當政時其政治施行也還不錯，但這只有極少數如漢代霍光、明代張居正等才如此，絕大多數權臣當政時往往都是腐敗貪污，故權臣出現大多會將政局攪的大亂，對這個政權本身極為不利。

（2）君主受的教育是道德教育，沒有學過政治學、心理學，所以君主雖手握權力卻不知道怎麼運用權力。這就像一個小孩手中握了大球卻不會玩，那這個大球能舉多久是很可疑的，可能不久就會掉落。所以君主教育的不足會使其大權旁落，君主的大權旁落會造成兩個結果：一是政局混亂、政治腐敗、社會動盪，最終導致戰亂亡國；第二個結果是權臣會出現，這些權臣一旦建立了自己的權威後便可能篡位竊國，使原來政權崩潰，如王莽、曹丕、司馬炎等即是這類的篡位權臣。

上下交通管道阻塞

無論是哪一類政權，如君主專制、貴族政治，乃至民主政治，都有統治者與被統治者，這兩者的意見必須能互相交通，統治者發號施令要能為被統治者所接受，而被統治者要將他們的意見反映給統治者，讓統治者的決策不至於背離大多數人的利益，在任何一種政治型態之下，上下的交通管道都應該要暢通。然而在君主政治之下，上下交通管道非常容易阻塞，因為：

（1）君主生活在封閉生活環境中對外少有接觸，所以對外界民生情形全然不了解。我們可舉一個例子，唐德宗時，宦官為了採購宮中所需的各種生活用品，諸如柴米油鹽等，每天出宮門外的長安城中採購，然而他們的採購實際上只付很少的錢而不按一般物價交易，隨意出價強買強賣，甚至根本不出錢就把物資帶回宮中，等於是變相的強盜搶劫。當時這種宦官到長安城中巧取豪奪的採購情形稱為「宮市」，宮市當然是種弊端，對長安城的生意人造成莫大損失。許多朝臣因此便上奏章給唐德宗要求廢除宮市，也就是說別讓宦官擔任皇宮的採購，以免他們到處像強盜般變相搶劫，譬如當時白居易便曾寫過一首名詩〈賣炭翁〉來描述賣炭老人被宦官們強買剝削後的可憐處境：「一車炭，千餘斤，官使驅將惜不得。半匹紅紗一丈綾，繫向牛頭充炭直。」官使就是出城宮市的宦官，只用了半匹紅紗一丈綾，就將老翁辛辛苦苦好不容易做出來原本要賴以維生的千餘斤炭給強行賤買，試問要老人如何生活？

令人聞之不勝欷噓。唐德宗看了這些朝臣們所反映的意見，便問宦官的領袖還有身邊的宰相：要不要廢除宮市呢？結果宦官的領袖竟然說：長安有數萬人靠著宮市過活，如果取消宮市，長安數萬人將無以維生。這話在我們一般人聽起來都覺得不通，可是唐德宗不了解外界的情形，心想既然是做生意，那商人無生意可做當然不能過日子，於是就沒有廢除宮市，宮市之弊照樣下去，這就是因為唐德宗在閉塞的生活環境下不了解外面的情景，其上下交通管道實際上非常阻塞所造成。

（2）君主的權威心理也會造成上下交通管道的阻塞。君主為了維持他是全國最高領袖也是最大家長的君父權威，雖有時偶爾會刻意表現出愛民如子的行為，但心中總會認為我做家長的又何必聽兒子的話而自以為是。中國古代有諍諫，即是大臣們會將不同的意見上奏章給君主，來糾正君主的一些過失，這實際上是將下情往上達的極少數管道之一，然而君主往往是很難納諫的，亦即君主不喜歡這些下情上來給他看，這就是權威心態使然。

這種權威心理往往使上下交通管道阻塞，這種阻塞對於政權維持非常不利，因為下情不能上達，於是民間不滿的情緒會越發累積升高，但上位的君主卻仍渾然不知我行我素，若有天到達民意不滿的臨界點時，便會一發不可收拾，動亂便會隨之而來，而動亂就是政權覆亡的前兆。所以上下交通管道的阻塞，對政權來說實際上非常不利。

行政系統的僵化

一個政權必須靠行政系統暢通運作來維持，若行政系統不能暢通便是僵化，僵化的結果常是命令不能下達，這對政權是非常嚴重的危害。

（1）君主沒有學過行政學也不懂得運作複雜的行政系統，所以君主實際上缺少推動行政系統的能力，所以行政系統很容易趨向僵化，因為君主是行政系統的核心，核心有了問題，系統自然不能通暢。

（2）君主的權威心理讓他常會覺得天下任何事情都要直接插手，但這樣會導致行政系統的分工不明也效率低落。舉例來說：行政系統中執行、協調、制衡、考核四方面要互相配合，若這四部門能互相配合得宜，則行政系統將運作非常靈活，就像鐘錶中的齒輪互相緊扣才能運轉，但君主往往會覺得他每方面都可以插手過問，結果是擾亂行政系統的運作。譬如中國古代的御史臺是一個發揮監察功用制衡行政官員的很重要力量，可是君主往往會插手到御史臺，讓御史們乖乖聽話，許多真正敢於執行監察任務的御史反而往往不得君主歡心，被君主認為你是在找麻煩，如此制衡力量便消失。又中國古代也有考核制度，但君主本身往往卻用自己的好惡改變原來的考核成績，使考核效果不彰，這就是君主的權威思想破壞了行政系統中互相牽制的力量，使行政系統不能靈活運作，造成只有執行部門的官員一權獨大。

（3）大權的旁落：當權臣出現時，君主的大權容易旁落到權臣手中，但當權臣不只一人時，例如宦官，大大小小的宦官都可以代表君主行使大權時，便可能滲透到行政系統每一層面，使得執行、協調、制衡、考核等各機制都不存在，因為宦官們干預了行政系統中各部門，使它們都停擺，如此則行政系統也會趨於僵化。

行政系統僵化表現出來的是官吏的無能與無效率，以及政府命令執行的不合理。我們可舉一例：唐代晚期政府無能，宦官當政（宦官不只一人），他們使行政系統僵化，而晚唐時又常遇到災荒如水災旱災等，地方縣令常會把本縣遭遇的災荒情形上報朝廷請求減免租稅，因為百姓遇災荒後實在太苦交不出稅賦。縣令的報告當然必須先呈送上級機關也就是州，州的長官又再呈上級機關也就是節度使，節度使再送到中央的尚書省（類似今日行政院），尚書省再送到政事堂（類似宰相辦公廳之類），政事堂再呈給皇帝。君主核定可以減免租稅，便將這意思交給中書省來起草詔令，中書起草詔書後還要交給門下省審核，門下省審核無誤後再交給尚書省，尚書省再將這詔令下達給地方上的節度使，節度使再交給州，州再交給縣。在晚唐時這個公文旅行的流程時間少則半年，多則一年有餘，於是就會發生一件情形，即是當君主減免租稅的詔令下達到縣時，這個縣老早已將稅賦收完了，因為唐朝規定收稅有一定時間與期限，就如同今日，因此縣令為了要達成收稅任務，若到收稅期間沒有接到中央政府的減稅詔令，只好強迫百姓必須交稅，這些百姓縱使賣妻賣子也得交稅，等到減免租稅詔書到達縣時，百姓早已被強迫交完稅，中央政府也不可能將收到的稅退還給百姓，於是減免租稅的詔令等於一紙空文，這便是行政系統僵化的結果。如果行政系統沒僵化，公文流程便可大大縮短，估計地方到中央而中央再下來地方絕不會超過三個月，然因為行政系統已僵化而無效率，使中央的命令等於一紙虛文，君主恩惠完全到不了百姓身上。

行政系統的僵化對於政權來說極為可怕，行政系統就如人的血管，若血管阻塞不通，人是不可能活的，行政系統若阻塞，則政權也難以維持。

從上面所述，君主的生活與心理的五種狀況，造成五種結果，我們可以用一個圖表說明（如下圖）。

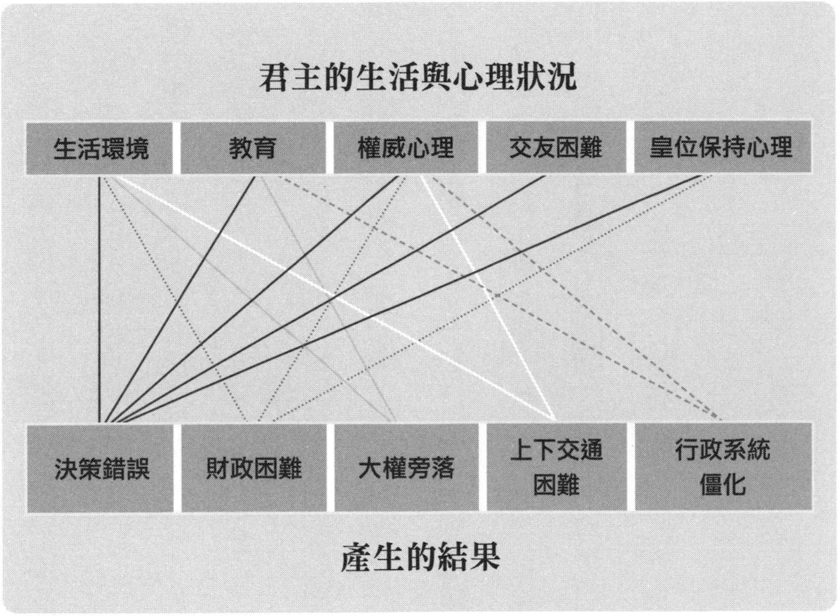

五種結果的每一種對政權來說都是致命危險，這些危險的產生都與君主本身有關，所以君主本身實際上是造成王朝覆亡的一個內在因子。

政治學者們都相信一句話：「權力使人腐化，絕對的權力造成絕對的腐化。」如果對照歷史發展，可以印證這句話的正確性。中國古代君主掌握有絕對的權力，沒有任何外力可以約束制衡他，這種絕對的權力造成君主絕對的腐化。所以一個王朝在開國之初，開國君主由於了解建立政權的艱辛，便會戰戰兢兢不敢濫用權力，但從第三代君主開始，他不知道政權建立的艱難，便容易傾向濫用絕對的權力，所以中國古代王朝從第三代，有時候從第二代就開始急速腐化，一個腐化的人如何去掌握手上大權？實際上他很容易失去手上大權，所以中國古代王朝沒有超過一千年的，政權久了，必然造成崩潰。如果我們說人類由於有肉體所以必然會死亡，也就是說肉體本身是死亡的基本因子，那麼同樣地，君主本身就是王朝死亡的基本因子。

革命或造反？

從表面的形式上來看，革命或造反是一體的兩面，兩者都是以武力來反抗現存政權，只是「成者為王、敗者為寇」，反抗現存政權的人如果成功便可取得歷史紀錄權，把自己塑造成為革命者，他的行為就是一種革命。相反的，如果反抗者失敗，則失去歷史紀錄權，於是現存政權便把反抗者的行為寫為造反。

人民的革命權消失於秦朝

在周代，人民有革命權，因為孔子、孟子都贊成人民可以反抗不良君主，故周代是容許革命的。《孟子．梁惠王下》記載：

齊宣王問曰：「湯放桀，武王伐紂，有諸？」孟子對曰：「於傳有之。」曰：「臣弒其君可乎？」曰：「賊仁者謂之賊，賊義者謂之殘，殘賊之人謂之一夫。聞誅一夫紂矣，未聞弒君也。」

《孟子》這段話已充分說明孟子是主張暴君可伐論，也就是認為當時擁有對暴君發動革命的權力。可是這種人民革命權到秦始皇後就喪失了，為何秦以後的人民會喪失革命權？主要有兩個原因：

（1）秦始皇破壞封建制度。我們知道因為周代實行封建制度，所以周天子並沒有很大權威。封建制度是一種分權制度，天子將政治大權分給諸侯，諸侯將政治大權分給大夫，一層層分下去，所以沒有一個人具有手握天下權的全國性政治權力，在這種分權制度下的君主很難建立其絕對權威，然秦始皇廢封建後兩千年，所有人民之榮辱都操在君主一人手裡。我們知道封建制度下，人民的榮辱是老天爺賜予的，因為封建制下的世襲制度是父子相承，一個諸侯死後其地位由兒子相承，兒死則孫子繼之，這是老天爺注定的，天子也不能加以改變。可是秦始皇廢封建制後，所有人民榮辱皆操在君主一人之手，君主隨時可以給任何一人高官，也隨時可以罷黜任何一人，因此君主的權威大大提升。所以廢封建制度後，恩出自上而不出自天，使人民不敢反抗君主，於是革命的正當理由遂消失。

（2）秦始皇開始改變忠君觀念。在秦始皇以前，人民忠君觀念較淡薄，要不要對君主貢獻忠誠是相對的，君對臣的態度決定臣對君的態度。孔子在《論語．八佾》中說：「君使臣以禮，臣事君以忠。」這即說明禮與忠是相對的，臣是否要忠於君主是先要看君是否對臣有禮，因此孔子沒有提出過絕對「忠君不二」的說法。又《左傳》記載有段趙盾弒其君的故事：「晉靈公不君，趙盾（宣子）驟諫，靈公患之，屢欲加害趙盾，盾遂出亡，未及出境，而盾之昆弟趙穿弒靈公。」《左傳》續載：

> 太史（董狐）書曰：「趙盾弒其君」，以示於朝，宣子曰：「不然。」對曰：「子為正卿，亡不越境，反不討賊，非子而誰。」宣子曰：「嗚呼，我之懷矣，自詒伊慼，其我之謂矣。」孔子曰：「董狐古之良史也，書法不隱，趙宣子，古之良大夫

也，為法受惡，惜也。」

這段故事反映出孔子是同情趙盾的，認為趙盾不需要絕對服從晉靈公，這顯示出孔子時沒有絕對的忠君觀念。實際上，孔子是魯國人卻離開魯到處求仕，此即表示孔子本身就沒有忠君不二的想法。到了孟子時，他更是認為君臣之間關係是相對而不是絕對的。《孟子・離婁》載：

> 君之視臣如手足，則臣視君如腹心；君之視臣如犬馬，則臣視君如國人；君之視臣如土芥，則臣視君如寇讎。

孟子竟然可以讓人民視君如寇讎，這也表示他不認為人民要絕對服從君主。所以在周代，也就是孔孟生活時代的人民是有革命權的，但是自秦始皇開始的忠君觀念改變了。原本周天子是個虛位君主，到了秦始皇時，皇帝控制了全國一切，是實權在握的君主，人民必須直接對君主效忠，於是對君主效忠成為一個不可反抗的觀念，君主即使再殘暴也不可反抗。尤其秦始皇執行的是法家路線，法家最主要的精神即是尊君思想。法家與儒家最大的不同在於：儒家贊成「民本」，法家贊成「君本」，所以法家認為君主雖不肖，臣民也不得反抗。故自秦始皇開始，法家思想在中國歷史舞臺上便居重要地位，也使忠君觀念慢慢深植民心，變成政治上一種不可顛覆的想法。

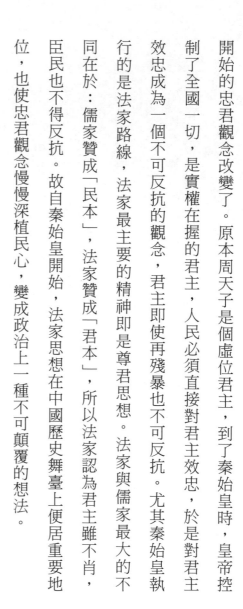

苛政、暴政導致官逼民反

所以「封建制度」與「忠君觀念」兩方面的改變，使秦始皇以後的人民革命權消失。當人民的革命權消失後，如果遇到一個造成政治腐敗的殘暴君主使人民生活不堪時該怎麼辦？只有兩條路可走：一個是祈求老天爺讓這個君主早日死去，但老天會不會答應沒人知道。第二個辦法就是造反，中國人民是很能忍耐的，但是忍耐有一個限度，這限度就是當他活不了或要逼他死時，任何一個人民都很可能起而一搏，這時候就很容易造成俗語所謂的「逼上梁山」。

我們看看當歷史上政治腐敗時，常會有許多官逼民反的事情，官逼民反不是僅僅在《水滸傳》才有的小說故事，我們查查二十五史的紀錄裡，就有好多這類事例。不過《水滸傳》的弟兄們還有梁山可上還算很幸運，一般老百姓如果遇到官逼民反卻無梁山可上時該怎麼辦？一種就是去當強盜土匪，但要當強盜土匪需有相當勇氣，因為中國是個很重視道德的國家，一個人當了強盜土匪後便會在家譜上留污名，也難以跟子孫交代，故要中國人當強盜土匪是會很猶豫的，敢起來當強盜土匪上梁山的人實在也不多。另一個辦法即是自殺，自殺可以解脫，雖然中國歷史上沒有對自殺人數做過統計，但我們相信當政治腐敗時自殺事件必定很多。大家皆知苛政猛於虎的故事。春秋時，孔子有天經過山上，看見一個婦人家哭得十分悲哀，孔子好奇，就叫身旁學生去問：你怎哭得那麼傷痛欲絕呢？婦人回答：我們家是打獵的，山上老虎多，打獵非常危險，我爸爸、先生、兒子都是被老虎給吃掉的。孔子再問：那為什麼你還留在這呢？婦人回答：因為這裡沒有暴政。由此可見暴政比老虎還要可怕，所以當歷史上政治非常敗壞時，造反也同樣層出不窮。

歷代的起義是造反？還是革命？

雖前面說過，革命或造反是表面形式上的一體兩面，但在實質上是不一樣的。革命或造反的相異處在於：革命是讓政治上產生實質性的改變，而造反只是讓政治產生形式上的改變。何謂實質上的改變？即在於改變了原先要反對的不良政治組織、制度與相關結構，這是實質的改變。譬如一個革命者推翻了不良的君主後，就該思考為何原先的政治體制會變成如此不良？未來將如何在政治的制度、組織、結構上改變它？而所謂形式上的改變，即不過是將政權的招牌給換了而已，李家店換成張家店，張家店換成趙家店，只是君主換個姓氏，其他的實際上都沒有改變。

從這個定義來看，中國歷史上從秦始皇到清末都沒有革命，都是造反，因為從秦始皇以來，許多反抗現存政權的人都沒有改變政治型態、結構。譬如有人認為劉邦出身平民，所以視之為平民革命，其實劉邦不是革命，只是造反。我們只需看看《史記・漢高祖本紀》說：劉邦有一年到咸陽看見秦始皇出巡時前呼後擁威風凜凜，劉邦不禁非常羨慕說：「大丈夫當如是也。」我們又可看秦末另一個反秦領袖項羽，他有一年也看到秦始皇出巡到今日浙江附近時的威風凜凜，就說：「彼可取而代之也。」可見劉邦、項羽兩人起來反秦並非是要打倒秦的暴政，他們實際上的原始動機是想搶皇位，想和秦始皇一樣過癮，得到最高權力而威風凜凜。所以當漢高祖得天下後一樣作皇帝，他出身平民，他有讓當時平民階層提高地位嗎？根本沒有，因為劉邦作了皇帝後根本就脫離了平民階層，並沒有改變君主制度與其結構，所以我不認為劉邦起兵是一種革命。

我們再看看許多朝代末年很多百姓起來反抗暴政，最著名的例子像唐末的黃巢、明末的李自成、張獻忠等，都是非常著名的反抗暴政例子。但他們是革命嗎？實際上他們反抗君主不過是要在推翻不好的君主後自己取而代之而已。黃巢不過是想把李姓天下變成黃姓王朝，李自成也不過是想把朱姓天下改成李家王朝，只是換個招牌而已，實不能稱他們為革命。他們都不是真正為人民謀福利、替人民著想，因此他們到不了革命這個層次。

因此我們非常欽佩孫中山，他才是中國第一個真正的革命者，因為孫中山的反清並不是只想把愛新覺羅王朝換個招牌變成孫氏王朝，而是要將整個君主制度推翻。因為君主制度是個吃人的制度，沒有任何一個力量可以控制君主，所以君主可以為非作歹為所欲為，人民碰到一個壞君主是對他一點辦法都沒有，不論是司法、輿論，任何力量都無法制裁他，所以君主制度實是個欺壓老百姓的制度。孫中山是要推翻這個不良制度改變為民主制度，這是個實質的而非形式的改變，這種改變才能真正稱為革命，在中國歷史上夠稱為革命者的恐怕只有孫中山是第一人。不管革命或造反其實都是需要動用武力，這對全國人民來說都是個痛苦經歷，所以我們不贊成革命或造反。實際上在民主政治制度下也不需要革命或造反，因為人民有許多方法能發揮力量，讓統治者不能為所欲為。如果在一個民主政治的社會裡還需要提出革命的字眼，那其民主的程度恐怕就值得大大懷疑了。

無限制權力的誘惑——中國人的皇帝夢

「皇帝」是中國人最羨慕又恐懼的人物，有人會夢想：有一天我能做到皇帝那該多好。可是敢於做這種夢想的人是極少數的，絕大多數的人會夢想到的是：有一天我如果被皇帝召見賜給我一個官位，那該多好。所以中國人時時刻刻都會夢想到皇帝。在中國人的印象裡，皇帝是一個神秘的人物，手握無上的權力，能呼風喚雨，給人榮華富貴，也可以讓人身首異處。

皇帝一詞，是從秦始皇開始的，在秦以前的周代，君主稱為天子。周代實行封建制度，封建，是一種分權的制度，也就是將政治權力一層層分配下去，在這種分權制度下，周天子並沒有很大的權力，因為他把權力下放給諸侯，諸侯又把權力下放給大夫。所以在周代的君主也就是周天子的權力極為有限。《詩經・小雅・北山》裡面說：「專天之下，莫非王土；率土之濱，莫非王臣。」這是《詩經》裡面讚頌周天子的詩，但事實上，周天子並沒有那麼大的權力，他的權力只限於一小塊的王畿，也就是他自己的直轄領地，全國除了王畿以外的其他地方，都分封給各個諸侯，這些諸侯就是我們時常聽到的「某某國」，像魯國、晉國、楚國……等，這些諸侯國內的事情，周天子是不能直接干預的。同樣，諸侯國也將自己的土地分封給各個大夫，大夫管的地方稱為「邑」，大夫的邑裡面發生了什麼事情，諸侯理論上也不能直接插手，而由大夫自己做決定。所以在這種分層負責之下，周天子實際上是沒有大權的，雖有前謂「專天之下，莫非王土」，可是周天子對於這些土地幾乎沒有管轄能力；「率土之濱，莫非王臣」，這些王臣，周天子也指揮不動，所以在周代封建制度下的君主，權力是非常小的。周代有二重君臣關係，天子與諸侯是君臣，諸侯與大夫也是君臣，《左傳》襄公十三年，記載一段故事：衛獻公召見兩位大臣孫文子與寧惠子，衛獻公正好打獵回來，沒有脫去打獵服的皮衣皮冠、更換正式的禮服就出來和兩位大臣相見，兩位大夫認為獻公不禮貌，因而大怒。這段記載反映出孔子所說的：「君待臣以禮。」可見周代君臣之間地位是很接近的。因此在周代，君臣之間的關係拉得很近。孔子說：「君使臣以禮，臣事君以忠。」這個「忠」與「禮」在春秋時代是相對應的，如果一個君無禮，臣就不一定要忠，所以孔子接著說：「君之視臣如手足，則臣視君如腹心；君之視臣如犬馬，則臣視君如國人；君之視臣如土芥，則臣視君如寇讎。」若一個君主很不好，臣也不一定要效忠。所以在周代是沒有絕對的忠君觀念，也因此孟子才敢提出「暴君可伐論」，這就表示春秋戰國時代，忠的觀念不是絕對要忠君，人民也有權力討伐一個暴君。

到了秦始皇繼位統一六國後，他廢除封建制度，使得君主權力大大提高。秦始皇自稱皇帝，從此後兩千多年中國都是實行皇帝制度，皇帝變成中國最有權力的人物，由於廢除封建制度以後，所有的榮華富貴都出於皇帝一人之手。但是因為秦的國祚太短，所以《史記》裡面記載的秦朝史料也就不多，我們對於秦始皇到底有多大權力也就無從詳知。但是到了漢代，因為漢代是個比較長命的朝代，記載的史料也比較多，所以我們對漢代皇帝權力就知道比較詳細。漢代是繼承秦的制度，所以我們看漢的制度大概也可了解秦的制度。漢朝時代，雖然漢高祖恢復了封建，從漢到清代雖也一直都有封建，但這個封建跟周代的封建是截然不同的，漢代的封建只是封爵位而不是封官位，所以漢代以後被封的王、侯，他們只有榮譽頭銜，而沒有實質的領地與政治指揮權。

漢代的皇帝是有權的，但是他的權力也不是絕對的，我們只要看看漢朝皇帝跟宰相之間的禮節就可了解，漢代的禮儀規定，君主在室內若看到宰相走進來，必需要從座位上站起來迎接宰相，請宰相坐下來；如果皇帝的鑾駕跟宰相的車隊在路上相遇，這時若宰相的馬車停下來，皇帝的馬車也必須停下來，兩人都下車相互作揖，作完揖，宰相請皇帝上車讓皇帝先走，然後宰相再走。由這樣子的禮，可看出皇帝跟宰相幾乎像是朋友一樣，皇帝只不過是輩分比較高的人，由此我們便可看到漢代皇帝不是有絕對權威的。

我們再看一個漢文帝的小故事。漢文帝有一天要到柳營去巡視軍隊，當時駐紮柳營的是周亞夫將軍的部隊，由於漢文帝沒有事先通知就突然到柳營的門口，門口衛兵就把漢文帝的車隊攔下來，當然，漢文帝身邊的隨從部下就立刻告訴守衛說：「現在是皇上來了！還不放行？」但是衛兵們仍不放行，說：「軍營中只聽將軍的軍令，沒有將軍的命令，是不能進軍營的。」於是漢文帝沒辦法，就跟士兵說：「那就召將軍過來吧！」守營士兵才去請示營區將軍周亞夫，周亞夫便派人來軍營門口，帶領漢文帝車駕進入柳營。剛進軍營，一個士兵就跑過來說：「軍中有規定，軍營內不許車馬奔馳。」雖然此時文帝身邊隨從官員都已生氣，但漢文帝仍要大家依照周亞夫所定軍令，放鬆韁繩，緩緩前進。由這兩件事情可以看出來當時的皇帝不是擁有絕對權威的，漢文帝到了柳營，竟然這麼吃不開，這在後代是不太可能發生這種事情，可見漢代皇帝權力還不是很高的。

到了魏晉南北朝，由於當時世襲的世家大族勢力伸進了政治舞臺，所以皇帝的權威又稍稍的下降，宰相的權威也升高一點點，因為很多做宰相的都是世家大族，他往往可以抗衡君主。其中最有名的像東晉元帝時當宰相的王導便如此，由於晉朝皇室跟流亡漢人剛剛過長江，必須靠王導、王敦兄弟這類世襲世家的人扶持，所以王導當時是東晉宰相，權傾中外，當時民謠就說：「王與馬，共天下。」王，指的是王導與王敦；馬，指的是東晉元帝，因為東晉皇室姓司馬，也就是三國時司馬懿的後代，王與馬共天下，就表示宰相權力不下於皇帝。事實上，整個魏晉南北朝的皇帝權力幾乎都不是那麼大，譬如南朝的梁武帝時代，北朝的大將侯景投降了南梁朝，梁武帝非常器重侯景，侯景就要求跟南方的世家大族聯姻，他想找士族中最尊貴的王家，可是侯景既非南朝也不是北朝的任何一個名望世家出身，結果梁武帝就跟侯景說：「王、謝兩家是士族中最尊貴的，向來不與庶姓通婚，我就算說媒也是說不動，你不妨從王、謝兩家以下的士族找找看吧。」可見梁武帝以皇帝之尊，想與尊貴的士族作媒都不一定作的通，也可見當時皇帝的權力不是絕對的強勢。

到了唐代，世家大族漸漸衰微，所以皇帝的權力又開始抬頭向上，不過此時皇帝權力的向上升張也不太多。唐代的宰相還是有相當的力量，譬如說他們有副署的制度，也就是說唐代皇帝的詔書如果沒有宰相與相關官員的副署，這詔書是不生效的。最有名的一個例子：唐中宗皇帝時，他女兒安樂公主為了貪財，私自賣官鬻爵，於是自己寫任命狀再請唐中宗蓋玉璽，唐中宗疼愛女兒也就胡亂地真蓋了，但這個人事任命狀並沒有經過宰相跟相關官員副署，所以安樂公主自己也知道這任命狀不合乎法律程序，所以她將任命狀交給買官者時候，封袋是斜著封口的，不敢像正式公文一樣是正封口的，歷史上稱這種官叫做「斜封官」。斜封官只是一種榮譽頭銜，買這種斜封官的人也不能拿著這個任命狀去衙門上班，因為這沒有經過宰相與相關官員副署所以不是有效合法的詔書，由此可看出這時宰相與官員還是有相當權力的。

到了宋代，君主的權力開始提升，君臣的地位也開始拉遠。在宋代，大臣們上朝見皇帝，全都站著沒有座位，只有皇帝一人坐著，所以這時皇帝跟大臣的距離不像朋友了，差距明顯拉大。而且忠君觀念在宋代也開始由相對變成絕對，在宋以前，沒有絕對的忠君觀念，但到宋以後便變成絕對忠君觀念了。絕對的忠君觀念，就是不問君主是好是壞，臣子都絕對要忠，所以到宋代，「忠君不二」的觀念開始建立，「君要臣死，臣不敢不死」這種觀念也在此時建立，這跟孔子孟子的思想是截然不同的，此時君主的地位也就因此大為提高。到了明代，在明太祖朱元璋有意的安排之下，皇帝的權力更上一層樓，君臣之間的距離更是拉遠了，臣子要向皇帝報告事情是要跪在地上的，跟當年漢朝時候那種君臣關係實在差距極遠。明太祖提高君主權力最重要的一個方法，就是洪武十三年（西元一三八〇年）的廢相，也就是把宰相制度廢除。中國最早開始的宰相制度是秦漢時代之「獨相制」，也就是宰相只有一人，所以獨相制下的宰相權力很大，因為他一人往往就可以抗衡皇帝。到了東漢，宰相就不只一個人了，普通情況下，朝廷的三公都是宰相，也就是說宰相有三個人了，且彼此地位都是平等的，這稱為「多相制」，多相制之下的君主與宰相權力若相對抗，君主往往會較占優勢，因為君主可以利用眾多宰相間的彼此不合而操縱其中，這種多相制是讓宰相權力削弱的一個很大原因，這也就是為什麼唐宋時代君主權力會逐漸上升的原因，因為到唐宋仍是實行多相制。但是到了明代洪武十三年的廢掉宰相又是大變化，因為宰相是全國行政首長，行政工作是一定要天天推行的，沒有宰相後誰來負責推行政務呢？明太祖很明顯的就是要皇帝自己兼宰相，所以明太祖廢宰相實際上是君權併吞了相權。當然有人還是會說：明代不是還有宰相也就是「內閣大學士」嗎？但實際上，內閣大學士根本沒有宰相之名，他只是皇帝的秘書，替皇帝看看公文，再用一張小紙條貼在公文上面，寫出公文重點摘要與重要性以及處理方法等等，這些意見也僅供皇帝參考而已，內閣大學士根本沒權力替皇帝批公文。所以若有人認為內閣大學士是宰相的話，那也只是「暗相」，跟明朝以前宰相明顯的行政權力大不相同，所以明以前的宰相可以稱為「明相」。暗相，雖然偶爾會有權力，但這種權力是躲在幕後不能站出來的，他必需假借皇帝，利用皇帝做政治擋箭牌，從幕後操縱皇帝來控制政局，所以暗相絕對沒有明相那樣明顯的政治權力，故皇帝跟內閣大學士的權力差距非常的遠，內閣大學士也絕不能與明朝以前的宰相相比擬，這就是明代君主權力提到非常高的情景。

到了清代，清朝是以滿族入主中原統治人數眾多的漢人，他一開始時便因現實需要沿用了明代的制度，所以清初也是用內閣大學士當皇帝秘書。到了雍正年間，雍正皇帝改用軍機大臣來做皇帝的秘書分攤政務，內閣大學士的權力逐漸削弱，但軍機大臣同樣也不能直接對文武百官發號施令，因為他也不是宰相，所有要直接對文武百官發號施令都必須經過皇帝的詔書，這就是所謂的「上諭」，所以軍機大臣同樣也是躲在幕後的。有的人會說清代軍機大臣也是宰相，但那也只是暗相，他的權力是沒有辦法跟明朝以前的宰相相比擬。我們可將周代到清代君權與相權演變的趨勢以下圖來表示：

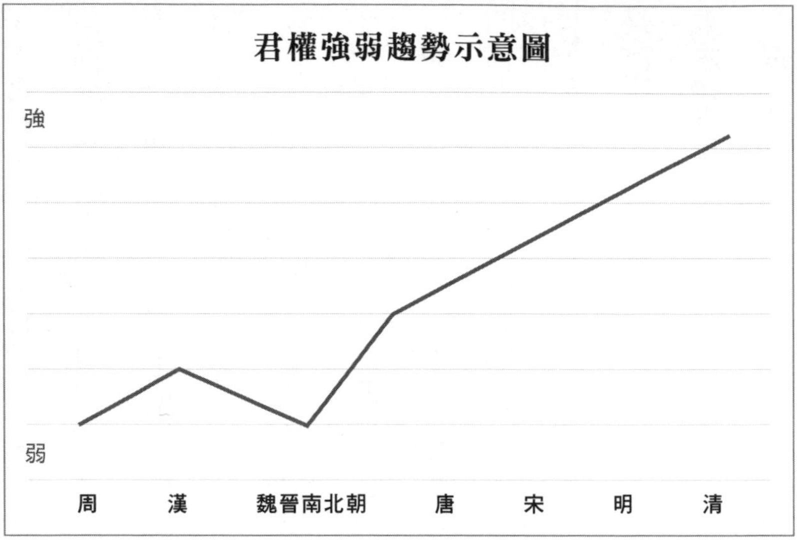
君權強弱趨勢示意圖
強
弱
周
漢
魏晉南北朝
唐
宋
明
清

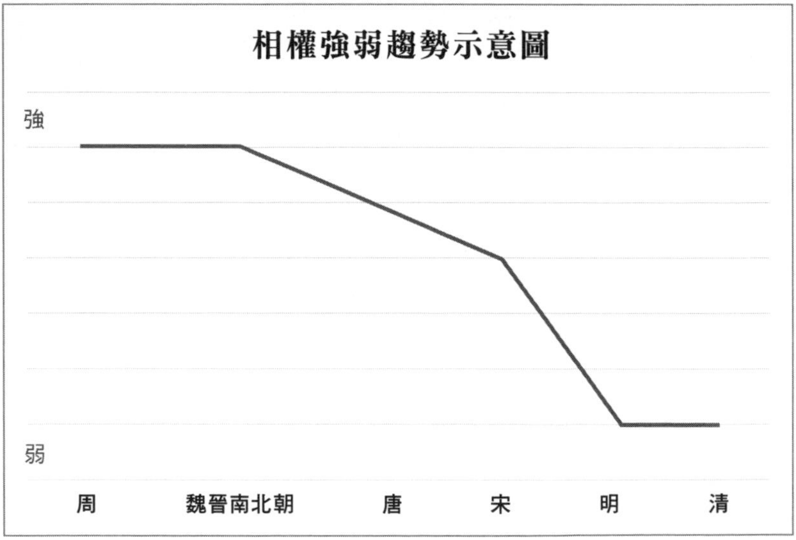
相權強弱趨勢示意圖
強
弱
周
魏晉南北朝
唐
宋
明
清

從上面的示意圖可以看出，當相權越來越弱，君權便越來越強。到了清代，相權弱到谷底，而君權奔上顛峰，所以清代的大臣們見到皇帝不但要跪下，而且頭還要磕在地上，也就是我們所謂的五體投地，這樣子的禮節實際上大大拉開了君臣間的關係。尤其是身為滿州人的滿臣，上奏章給皇帝時，必須自稱為「奴才」，更可見此時做為臣子的卑微，所以到了清代，君主的權力到了最顛峰。另外一方面，在中國古代政治制度中，有所謂監察制度，在宋代以前，監察制度可分為兩個系統，一個是監察皇帝的，稱為「諫官」，如諫議大夫、給事中、補闕、拾遺等官員，這些都是監督君主有無過失而加以指正的監察官系統；另一個是監督文武百官的，稱為「臺官」，例如御史大夫、御史中丞、監察御史等，這些官員是負責文武百官有無違法失職而加以彈劾的另一監察官系統，但到了宋代，諫官系統卻不監督君主而監督文武百官，所以從宋代以後，就沒有監督君主的官員了。而宋代以後特別到了明清兩代的君主權力，也幾乎沒有任何限制，他能受什麼限制呢？他只有三個限制：（1）皇帝自己的良心；（2）皇帝自己的觀念；（3）皇帝自己的想法，但這三者都是出在皇帝本人而不是外力限制，也就是說君主除了受本身的思想所限制之外，沒有任何外力可以限制他，無論是法律、社會輿論、司法都不能限制他，其他的外力也都不能限制君主。《史記》裡面記載秦朝的宰相李斯勸秦二世要「獨制於天下而無所制」，這句話意思就是皇帝要一個人控制天下而不被天下任何外力所控制，李斯的這句話，其實在秦漢兩代乃至以後的唐宋時代似乎都還無法做到，因為當時君主的權力多少還受一些外界的限制。譬如說在東漢魏晉南北朝，皇帝權力還是得受世家大族的限制，到了唐宋時期的皇帝權力，還是會受到士大夫輿論的限制，但是到了明清兩代，因為世家大族早已經消失，而社會上一般士大夫們的輿論也限制不了皇帝權力，所以到清代時皇帝權力幾乎是無限制的權力，這是皇帝權力的顛峰狀態。

十九世紀末期，孫中山領導革命，在一九一二年竟然推翻了滿清，也結束了皇帝制度，這好像是皇帝制度一下子從最高的顛峰掉到懸崖下不見了。然而，皇帝制度已實行了兩千多年，皇帝可以沒有，但在人民的思想觀念與心中，「皇帝陰影」卻仍舊揮之不去，不可能一夕就消失，所以當孫中山革命時說要打倒皇帝、取消帝制，這時就有人問他：「不要皇帝，那誰來做皇帝呢？」孫中山知道沒辦法也不容易解釋什麼叫做民主，所以他只好說：「中國四萬萬人都是皇帝。」其實這個解釋恐怕一般老百姓是越聽越糊塗。孫中山的意思其實是由人民來作主，也就是西方的民主概念，可是當時的中國人其實是聽不進去也聽不懂，他們會覺得天底下哪裡有這種事情，所以一九一二年時中國的皇帝制度雖然消失了，但是「皇帝思想」卻仍舊深刻存在中國人們的心中，因為制度雖然是可以一刀兩斷，可以說從幾年幾月幾號開始取消或改變了某制度，但人民的思想卻不是那麼快就可以打斷的，所以思想的改變非常緩慢。也因為皇帝思想仍一直存留在中國人的腦海裡，所以我們可以發現一九一二年以後，國家的政治最高領袖們仍常常以皇帝自居，這種心態最明顯的就是袁世凱企圖稱帝，雖然他稱帝最後是失敗了，但這卻反映出當時的政治領袖們都還很想自己做皇帝，也幾乎都有皇帝夢。雖然袁世凱以後，除了溥儀復辟外，也沒有人再做過皇帝了，但是，無論用什麼名義，國家最高的領導人常常都以皇帝自居。

一九四九年以後，中國分裂為兩個政府，也就是中國大陸跟臺灣，這兩個政府的領導人雖然都沒有皇帝的名號，但兩岸政府的最高政治領導人之心態上，都是以皇帝自居，兩岸的人民也常常把他們政府的最高領導人看成是皇帝。我們只要看在兩岸裡面很多社會上通用常見的詞句，像「太子黨」、「皇帝娘」、「駙馬爺」等都是經常在兩岸的新聞中出現，可見在民間還是流傳著把政府最高政治領導人當成皇帝的心態，所以不僅是政治最高領導人本身自視為皇帝，人民同樣也視他為皇帝，所以在一九一二年以後皇帝制度確實沒有了，但是皇帝思想的鬼魅仍舊存在，這種皇帝思想鬼魅如果不能徹底消除，中國恐怕離真正的民主還有相當一段距離。

清君側！君側能清嗎？

在一般人的心目中，都會有一種印象，這種印象就是在中國古代君主的身邊總是圍繞著一群奸詐小人。翻開二十五史，查一查史籍的紀錄，我們會發現幾乎百分之九十的君主身邊確實圍繞著后妃、宦官、外戚和一些奸佞小人。

君主身邊圍繞的這些人共同的特質在於吹牛拍馬、會阿諛君主，會為自己圖謀利益，會為達自己的目的不擇手段。這些人在中國的道德標準來說他們應該是品德不良的小人。這些君主身邊的奸佞小人，他們在政治上的作為表現出來的常是敗壞政治風氣，造成貪污，迫害善良百姓。在中國人的眼光中，認為這對國家、對老百姓是非常壞的。因此在中國政壇上有許多正直的士大夫們，會上奏章要求君主清除這些身邊小人，這就是我們所謂的「清君側」。

「清君側」的方式有兩種，一種是和平的，另一種是訴諸武力。歷史上利用文字或語言等和平手段，並無法達到清君側的目的。至於用武力來清君側，則是一場豪賭，倘若能成功，可能會在歷史上留下大名，但若失敗，則會遺臭萬年。事實上君側是難清的，關鍵在於總是會有一些奸佞小人圍繞著君主，甚至與皇帝成為「利害共同體」。

實際上清君側可以分為兩種方式來進行，一種是和平的方式，另一種是非和平的方式。我們來看看這兩種清君側的方式效果如何。

和平方式的清君側

先談和平方式的清君側，這就是利用文字或是口頭來進諫，向君主表達其身邊有哪些人是奸佞小人，請求君主清除之。在中國歷史紀錄裡，這種形式是最多的。我們只要看歷史上，都有許許多多正直的官員會上奏章向皇帝檢舉指出君主身邊現在有奸佞小人利用其權勢為非作歹、迫害良民。這些奏章，歷代以來不計其數。用這些奏章和口頭進諫來攻擊君主身邊的近臣，當然會引起君主身邊權勢近臣的反擊，造成政治上若干的激盪。

歷史上利用文字或語言來批評君主身邊小人的最著名兩個時期，一個是在東漢，東漢的士大夫們常批判君主身邊的宦官，尤其東漢中葉宦官干政的時間最多，他們干政後把持政治，把政治風氣都敗壞了。於是當時士大夫們就對這些小人進行強烈批判，這就是歷史上著名的「清議」，結果這些宦官們起而反擊，把士大夫囚禁起來，造成史上有名的「黨錮之禍」。

第二個較著名的時期是明代：明代同樣的，君主身邊圍繞著大批宦官，這些宦官為非作歹，且還掌管特務機構，使許多士大夫實在是看不過去，起而攻擊批評宦官。當然這些士大夫們也同樣遭遇政治迫害。

以上是用語言、文字來希望「清君側」，但是這種和平的方式，是否能成功地達到清君側的目的呢？我們遍尋史籍，幾乎找不到因為正直人士用和平方式提出「清君側」要求，君主就會真的清除這些小人。也就是說，希望用和平、用議論手段來清君側是達不到目的的。我們就要問，為何達不到？

司法

我們要曉得在中國古代的君主是至高無上的，擁有無限權力，要使一個執政者能接受臣民的勸告處置身邊小人，大概有四種力量：

如果司法很公正的話，那些君主身邊小人若為非作歹，違法亂紀，司法會給他們嚴格的制裁，君主也不得不接受，將之清除。但我們須知，中國司法向來沒有獨立過，司法是行政系統裡面的一部分。我們知道，自唐朝以後，司法上最高的官員，一為刑部、一為大理寺，皆是屬於行政系統的一部分，因此，他們會受到君主與宰相的干擾。所以，當有人要告君主身旁的奸佞小人不法時，司法如何審判？甚至宰相本身可能就是君主身旁的奸佞小人，請問，刑部與大理寺官員敢於處分他們的長官——宰相嗎？中國司法系統也許對小官員或小老百姓有一些正義，但對大官們的所有判決，皆須經過君主的裁定才能執行。司法機關判這些奸佞小人有罪時，若君主不同意，則所有罪名都不能成立，因為君主有最後的決定權。中國古代的君主是超越司法之上，一個司法官可以說某人犯了什麼罪，但是君主可以一句話就抹殺否認，因為君主的言行、決定是超越法律之上。因此中國古代的司法對於君主身邊的近臣是無法制裁的。

監察

中國向來就有監察制度與機關，在明朝以前是御史臺，明清兩代是都察院。在御史臺或都察院裡都設有御史。理論上，御史是監察官，可以監督文武百官；實際上，御史對文武百官提出彈劾以後，被彈劾者是否受到處罰，仍須君主決定。故中國古代監察御史們，他們實際上是只有彈劾權而無決定權。因此我們可以發現，中國的監察制度實際上只有糾彈地方官時才會產生若干的真正效率，因為御史們只有在巡察地方時，才可以威風凜凜，做到肅清地方政壇上的風氣，使地方官有所畏懼。但御史對中央官的監察效力則大大減低，尤其是對君主身邊的近臣，幾乎是使不上力的，因為有哪一個監察官敢於彈劾君主身邊的近臣？若真的彈劾了，這個監察官恐怕也不能久做。

因為，監察官的任免是操在君主與宰相的手裡，於是監察官本身若要保自己的官位，就很難對近臣發生真正的監察作用。

輿論

輿論是一股力量。在今天的民主時代，除了官員之外，全國的人民不分年齡、性別、教育程度，皆有發言權。但是輿論需要有工具來傳播，這工具即是我們所謂的大眾媒體。今天我們有報紙、雜誌、廣播、電視，還有網路，這些工具都是能讓大家的意見充分地表達散播，形成一股力量。但在中國古代並沒有這些大眾傳播工具，所以中國的輿論從哪裡出來？答案是從政府官員口中可稍微表現出一點輿論。前述東漢時代的清議，實際上就是士大夫的輿論。但一個嚴重的問題是，輿論能不能產生真正的力量，實際上要有另一種「實質上的力量」作為後盾。譬如說在今日，輿論可以影響選票，若候選人忽視輿論力量，則選民可以不選該候選人。但在中國古代並沒有這樣的選舉制度，所以君主可以不理會士大夫的輿論，甚至充耳不聞。士大夫寫的奏章，君主根本可以不看，士大夫若要當面進諫，君主可以掉頭就走，或擺下臉責罵一頓，所以輿論沒辦法散播。而且君主不是經過選舉產生，理論上說可以享位至終老，所以君主沒有所謂任期壓力，可以完全不接受士大夫的輿論。因此輿論在中國古代沒有什麼用處，君主可以一手遮天，輿論不能發揮任何效力。

壓力團體

我們知道在今日民主政治的社會裡，有所謂「壓力團體」，譬如工會、商會或某種職業的協會，他們會為自己團體的利益，向執政者施壓。但是在中國，並沒有這種團體存在。翻開中國歷史，如果說有所謂壓力團體，就是西漢初年所謂「功臣集團」。這些「功臣集團」，其實本身沒有組織，但氣息相通，心意上凝聚在一起，故雖本身無組織，仍可說是構成一集團，對君主產生很大的壓力，所以影響了西漢初年的政治。但除此之外，中國其他時代，找不出一個真正有力、有效的壓力團體，故君主身邊的近臣都不會感覺外界有什麼壓力在逼迫他們。

上述四種力量：司法、監察、輿論、壓力團體，是今天民主社會裡面能使執政者不得不顧及的四種力量。但以上這四種，過去在中國都完全沒有力量，這就是為何中國君主專制政治之下，「言論性的清君側」是沒有實際效用的原因。

用武力清君側

漢代

另一種清君側的方式是用非和平的方式，換句話說，即是用武力清君側。歷史上這種用武力清君側的例子，看起來是比用言論清君側少了很多。史上比較有名的用武力來清君側之例子，如：西漢高帝去世時，惠帝繼位，由呂太后在背後執掌朝政。惠帝逝，呂后作主，先後立兩個少帝，朝政實際上由呂后操控。呂后大量進用外戚，即呂氏家族——比較著名的是呂產、呂祿，所以朝政被外戚把持。當時的君主是漢少帝，其身邊實際上都是外戚呂氏。此外當時朝廷上另外一個大勢力，即是「功臣集團」，這些功臣們害怕自己的勢力會喪失，又怕呂氏會篡奪劉家的天下。於是功臣集團聯合起來用武力剷除了呂氏，把呂家這些外戚們都殺盡，這便是以武力的方式來清除君側。

唐朝

在唐朝，以武力來清君側的例子較多。如在唐高宗去世後，中宗繼位，武則天（當時的武太后）在背後干預政權、掌控朝政，唐朝的宗親王室們心中都感到恐懼，怕武太后會對他們不利。於是，像琅琊王等這些皇族王爺們便起來想以武力的方式剷除中宗身邊的武太后勢力，結果卻很快被武則天用武力平定而失敗了，所以這次用武力來清君側是沒有成功的。

日後武則天稱帝是中國歷史上唯一的女皇帝。武則天稱帝後，非常信任兩個男妾：張易之、張昌宗兩兄弟，這兩人大權獨攬，做盡壞事。朝廷大臣們對武則天身邊這二人非常不滿，於是由宰相張柬之發動政變，趁武則天重病臥床時，帶軍隊進宮殺掉張易之兩兄弟，武則天也無可奈何，宣布退位。

這是歷史上又一次用武力成功的清君側。

另外一次是武則天死後，唐中宗復位之際。中宗非常寵愛其皇后韋氏，但韋皇后卻想效法武則天，成為第二個女皇帝，於是韋皇后圖謀按武則天的老路一步步走下去。武則天做皇帝的步驟，第一步是做皇后、第二步是做太后、第三步做皇帝，所以韋后也想如法炮製。當時中宗仍在位，韋后很想成為太后、進而成為皇帝，但中宗身體尚十分健康，韋后如果要成為太后，必須要讓中宗死去，再另立小皇帝，韋后才可能如願當太后，於是韋皇后用毒藥毒死中宗，另立了一個少帝李重茂。少帝當然不能問政，朝政實際上操在韋太后手裡。韋太后遂重用自己女兒安樂公主與韋家外戚，以及武則天的姪兒（也是外戚），故韋、武兩家在朝中當政，朝政非常之亂。此時武則天的孫子李隆基（日後的唐玄宗），在某天晚上發動政變，帶領軍隊進宮，將韋太后、安樂公主等人都殺掉，這又是一次用武力來清君側而獲得成功。

另一次用武力來清君側是唐玄宗天寶十年以後，此時是楊貴妃的堂兄楊國忠當宰相，朝政也非常腐敗。當時一個在邊疆地區手握軍權的節度使安祿山，防守中國的長城邊緣地區，手握重兵。安祿山與楊國忠是政治上的死對頭、水火不容，兩人皆在唐玄宗面前爭寵。安祿山本人駐守在北方（今日的北京），而當時的首都是在長安（今日的陝西西安）。楊國忠是在唐玄宗身邊，可以天天面見皇帝，可是安祿山卻難得才進京一次，故非常害怕楊國忠向皇帝進讒言來害他。所以在天寶十四年，安祿山就以「討伐奸臣楊國忠」的名義，從幽州（也就是今日北京）起兵，這就是歷史上所謂「安史之亂」的開始。但安祿山起兵的時候並不是說自己要篡位，而是說他要「清君側」。這次安祿山起兵是唐朝歷史上一次重大軍事事變，從此以後唐朝由盛轉衰，唐玄宗也從長安逃難到四川。這又是一次用武力來清君側的例子。

明朝

用武力來清君側最著名的例子，是發生在明朝。明太祖在位時，為防範功臣們作亂篡位，便將他自己的幾個兒子都封為王，且各有領地各擁軍隊。明太祖認為用自己的兒子當屏藩，可以保衛在中央的皇帝，讓功臣們不敢輕舉妄動。但當明太祖死後，其孫子惠帝繼位，當時因惠帝尚年幼，眼見擁有重兵的各地藩王們都是他的叔叔，又不聽自己的話。所以明惠帝身邊的幾個大臣如黃子澄等，遂勸惠帝要「削藩」，把這些藩王的勢力削弱，如此可以增強君主的權威。惠帝聽從他們的意見從事削藩，這件事情立刻引來當時鎮守北方的燕王反抗，燕王首先起兵，打出的名號即是「清君側」。燕王認為惠帝身邊有些奸臣在攪亂朝政，所以由河北帶兵南下，進攻首都南京。後來燕王軍隊戰勝，進入南京，當然，這些被燕王指為奸臣的大臣都被殺了，但惠帝也因戰亂失蹤不知去向。燕王在南京登基為帝，做了天子，是為明成祖。這大概是歷史上最有名的用武力來清君側之例子。

用武力清君側實際上是豪賭

用武力來清君側，比用言論來清君側嚴重得多。因為用言論只是個人行為，用武力則需動用許多人，還會發生戰爭，當然影響非常大，故後者的例子在歷史上較少，不像用言論來清君側例子隨時都有。

用武力來清君側，困難度比用言論來清君側要難得多：（1）倡議要用武力來清君側的人，手上必須擁有相當的兵力，這些兵力，能否打得贏君主及其身邊近臣擁有的武力？（2）用武力來清君側，會立刻引發人們的另外一個想法，就是視之為搶君位，同時，也很容易被君主指為叛變。所以以武力清君側的人，能不能在心理上克服這個障礙？

因為中國古代非常講究忠君觀念，以武力清君側的人，很容易被批評為不忠，被批評為不是來清君主身邊小人，而是要除掉君主。故用武力來清君側，實際上是一個豪賭，倘若能成功，這個人可能會在歷史上留下大名，可能本身就會成為新的君主。但也未必一定會成為君主，如張柬之，只是清君側而已，一輩子也沒有當上皇帝。但是若清君側不成功，則會遺臭萬年，而且會被君主與身邊近臣指為造反，進而全家性命不保，這後果非常嚴重。以武力清君側不像言論的清君側，後者的後果較不嚴重。因此如果沒有相當把握、手握實力、或有相當決心的人，絕不敢輕易以武力清君側。

君側難清

了解了清君側的史實以後，我們下面有幾點認識：

（1）為什麼君主的身邊總是會有些邪惡小人圍繞著？難道君主不希望身

邊都是正人君子來幫他治國？我們要了解，君子和小人如何分辨？這要從兩方面看：一是客觀的道德標準；一是主觀的感覺認定。客觀的道德標準，就是根據這個人的行為是不是合乎道德？每個人都可以根據大家所認知的道德標準來認定他是君子還是小人。主觀的感覺判斷、認知，是根據他自己本身的感覺來判別這個人是小人還是君子，這種感覺是直覺性的。一個君主與圍繞在他身邊的人，常會產生比較親密的情誼，這些圍繞在君主身邊的人，常會阿諛君主、附和君主的心意，他們認為是為君主著想。

我們要了解，君主的利益與人民的利益並非一致，經常是相反的，因為有許多事情是有利於君主本身而有害於人民；相反的，有許多事情是有益於人民，但會損害到君主個人的利益。君主身邊的人為了維護君主本身的利益，他們寧可犧牲人民的利益。那些攻擊君主身邊想清君側的人，他們若攻擊君主身邊的近臣，君主會基於自身利益，不自覺的放棄客觀的道德標準，而以主觀的感覺認知來評斷，會認為那些攻擊身邊的人是不愛國的、是小人。所以，君主在這一種情形下，怎會接受清君側。

（2）我們要知道君主的權力是無限制，且不受外界的約束，包括法律、輿論都不能約束君主，所以君主的權力可以濫施。而且，君主沒有任期，除了末代帝王外，一個君主登上君位後，是做到死亡為止。一個人擁有無限制又無限期的權力，便容易將其人性中的劣根性完全全暴露出來。這個劣根性是什麼？我們可以很籠統、簡單地說，就是貪婪、縱慾、任意、隨性。於是在君主身邊的人，就會揣摩上意，不惜用任何的方法，包括違法、瀆職等，為的就是要滿足君主的慾望、貪婪，讓君主做他喜歡做的事。所以這些近臣會使出任何手段，而在這過程當中，近臣也獲得了財富、權力的好處。故我們可看出，君主與其身邊的近臣是一「利益共同體」，甚至是「共犯結構」。若當一個人要想攻擊君主身旁近臣時，就會使君主覺得是在攻擊他自己本人。那些想清君側的人若一拳打過來，因為君主與其近臣是同樣利害關係的共同體，君主會覺得這一拳像是打在自己身上一樣，怎可能接受「清君側」的要求呢？所以，言論方式的清君側，在歷史上幾乎是找不到成功的例子，因為，君主絕對無法容忍將其身邊近臣驅除。

當用武力的方式來清君側，若君主的力量不夠大，而要求清君側的人武力很強時，便可能把君側身邊的近臣除掉，但由於君主與近臣是共犯組織，所以君主本身也很難保存。因此，我們看到以武力方式清君側者，如成功則鮮有君主能保留下來。

（3）我們並不是很贊成以武力方式來清君側，因為武力總會傷害到社會。然而我們要設身處地的想想，那些用武力來清君側的發動者，他們心裡實在有不得已的苦衷，因為君主身邊的近臣為非作歹、殘害百姓，或危害到政府安危，政府會被這些近臣搞垮，讓他們實在是忍無可忍，故不得不出來以武力方式來解決困難。這些以武力方式清君側的人，有時實情非得已，因為，言論的方式——無論是用法律、輿論的方法，都勸不了君主，也動不了君主身邊的近臣。這時，除動用武力外，請問，還有什麼其他方法來清君側呢？

我們要曉得，發動武力來清君側的人要有相當大的勇氣，因為在忠君觀念下，他們很容易被指為造反，或企圖搶奪政治權力，但實際上並非所有以武力發動清君側的人皆如此。譬如西漢初的功臣集團發動武力掃除諸呂，是為了保存漢朝的延續，這些功臣多有官爵在，發動清君側行為成功以後，他們本身也無法升官進爵。我們再看唐朝武則天的末年，宰相張柬之發動那次清君側的行為所為何來？他此時早已貴為宰相，難道想自己作君主？張柬之也沒有這種野心，事實上他也不可能如此，他的想法完全是覺得張易之、張昌宗實在是敗壞政治。張柬之等人是想打倒張易之兄弟後，逼武則天退位，將政權回歸李唐王朝。所以張柬之的心願其實跟鄭成功想恢復明朝其實是一樣的，不是私心啊！故我們不能將以武力方式進行清君側的人一概看成是爭奪君位，其實他們實在也無可奈何。他們的行為動機，可能是很純良的。

實際上以武力方式清君側，也不一定會被咒罵，也不應該被咒罵，因為以武力清君側這種行為是正面還是負面，還看清君側之後的結果是什麼。如果沒有武力清君側，那何來漢初的「文景之治」？如果沒有李隆基除掉韋氏與其身旁的韋、武二氏外戚小人，那何來唐玄宗的「開元之治」？所以我們認為，清君側不能夠也不應該受到咒罵，不能說他們是「不忠」、「叛徒」、「犯上」、「叛逆」，而是要看其清完君側後的表現如何。

（4）我在此要說一個小故事，我兒子在兩、三歲時，有一天他爬到桌上拿水果吃，不小心將桌上一個水蜜桃給滑到地上去了，水蜜桃摔到地上，小孩子完全不懂，就不理會這水蜜桃。等我下班回來，發現客廳牆角下那個破碎的水蜜桃，上面爬滿很多螞蟻、蟑螂、小蟲。這時候我該怎麼辦？只有三個處理辦法：第一個是把蟲子、蟑螂、螞蟻給撥開，仍將水蜜桃給我兒子吃，試問這個做法可以嗎？各位朋友可以想想看，相信都不會贊成，因為這實在太不衛生了。蟑螂上的毒菌可能都在水蜜桃裡，我兒子吃下去不是會生病嗎？所以不能如此。第二個方法是我不理會它，就將水蜜桃丟在那裡。這會產生什麼結果？這又香又甜的水蜜桃會引誘更多的蟑螂、螞蟻、小蟲過來，到最後整個屋子都是這些蟑螂、螞蟻、小蟲，試問我將怎麼收拾呢？各位朋友，我想你們也不會贊成這第二個方法。第三個方法，我可以用一張紙將這破碎的水蜜桃，跟蟑螂、螞蟻、小蟲一起包起來丟到垃圾桶裡，再把客廳清一清。我想各位朋友也一定會贊成我這方法，如果換作是你們，也會選擇第三種方法。

我們可以把這個故事，和「清君側」併在一起看。這個「水蜜桃」就是君主，這些「蟑螂、螞蟻、小蟲」就是君主身邊的小人。所以一個清君側者要求把君主身邊近臣除掉後，他怎麼去處置這君主呢？這君主本身已有毒性了，怎可能去改變這君主呢？且君主本身也覺得他跟蟑螂、螞蟻、小蟲已經是一體的了。所以會產生一個困擾，這些清君側者真的能把蟑螂、螞蟻、小蟲給除掉嗎？答案是除不掉的，因為縱使把君主身邊的近臣除掉，又會換來一批同樣性質的品德不良的小人。我可以舉一個故事來說明：唐朝自安史之亂後，政治舞臺上的主角是宦官，政府的政治權力操控在宦官手裡。一代代的唐朝君主都受制於宦官。但是君主雖受制於宦官，也需宦官照料他的生活，沒有宦官，君主連生活都成了問題。所以君主對於宦官會產生「家人」般的感情，因為這些宦官雖政治權力大，可是在宮裡面卻是照顧皇帝的人，作皇帝的家奴，所以皇帝的生活上少不了宦官。

在唐朝倒數第二任皇帝唐昭宗在位時，曾經有幾個宦官把昭宗囚禁起來，甚至廢了昭宗，這是唐朝史上唯一的君主被廢事件。後經宣武節度使朱全忠援救，把唐昭宗救出來，並讓他復位。但唐昭宗有沒有恨這些宦官？他認為那些把他囚禁、把他廢掉的，只不過是幾個宦官而已，所以並沒有痛恨所有宦官。過了幾年，朱全忠有次派人把昭宗身邊所有的宦官都殺光，這是中國歷史上第二次的宦官浩劫。在我們想來，唐昭宗理應會很高興，因為他報了一次大仇，其實卻不然。唐昭宗在所有宦官都被殺掉後，居然寫了一篇「祭文」來悼念這些被殺的宦官。由這點就可看出來，唐昭宗實際上跟這些宦官是一體的，一個外人若想除掉他身邊的近臣或宦官，就等於是想要除掉他自己，他心裡面會非常難過，所以在這種「共同體」之下，要想清君側，確確實實是非常不容易做到的事情。

所以中國古代的清君側是一個很難解決的問題，那我們最後要問：為何中國君主身邊近臣總是那麼多邪惡小人？這又是值得我們思考的另外一個問題了。

政權的崩潰

古今中外沒有一個永存不墜的政權，任何一個政權都會崩潰，只是時間的長短而已。究竟每個政權是什麼原因會崩潰呢？也許因為每個政權的時空地物因素都各不相同，但做為一個歷史觀察者，必須把這些不同的原因歸納在一起做為人們的借鏡。以下我們將歷來政權崩潰的原因歸納為四個方面來談：

政治方面

貪污腐化

幾乎所有瀕臨崩潰的政權，都會面臨貪污腐化的問題，貪污腐化可說是政權崩潰前非常容易見到的現象。中國人對於官吏貪污腐化常常是抱著非常寬容的心，不願意深責。古人常在鼓勵年輕人努力讀書時會說一句話：「書中自有顏如玉，書中自有黃金屋。」這句話從表面上看來是不通的，「顏如玉」指的是美女，古代的印刷其實非常粗陋，所以古代的書裡面即使畫出美女也一定不怎麼漂亮，那書中何來顏如玉？古代印刷用的紙張也都很粗糙，書裡面又哪有黃金？所以這句話直接看起來是不通的。這句話該怎麼解釋？應該是說：「讀了書才能做官，做了官才能娶得美女；讀了書才能做官，做了官才能擁有黃金屋。」所以這句話中間省略了一個「做官」的過程。做官真的能擁有黃金屋嗎？試看歷代的官俸幾乎都很低，一個官員如果只靠自己的俸祿，大概能夠吃飽穿暖再買個瓦屋就不錯了，怎可能擁有黃金屋呢？這中間當然是另有薪俸之外的來源了。這個薪俸之外的來源，不靠貪污又怎能得到？所以當一個官員告老還鄉後買了漂亮的豪宅，人們多半只是會很羨慕他，但實際上這個做官的錢多半是貪污來的，不過人們常不會去追究他們的錢從何處而來。

自古至今，中國官場上的貪污現象非常普遍，不僅官員要貪污，有時君主也要貪污，因為君主也是人，他也會愛錢財。我們舉唐代德宗皇帝為例，唐德宗就是一個典型的愛財君主，他鼓勵臣子送錢財給他，臣子們於是紛紛奉獻錢財，這種奉獻稱為「羨餘」。羨餘是什麼呢？當時官員們說這是賦稅之外的錢財奉獻給皇帝用的，事實上一個官員除了賦稅之外哪有其他收入可以奉獻呢？這個其他收入只有壓榨老百姓靠貪污手法才可能有這種收入。所以「羨餘」實際上是官員貪污來的錢財奉獻給唐德宗，這真是「為君主貪污」。有些臣子為了巴結唐德宗，不但一年三節要奉獻，有時還會每月奉獻，稱之為「月進」，更有些臣子每天奉獻，稱之為「日進」。這種情形擺明是君主在鼓勵臣子們大家一起貪污，所以從唐德宗以後，貪污便成為唐朝官員中一個公開的現象，讓唐朝政府變得腐敗不堪。

當然，官吏們貪污絕對不是只為君主，也會為自己貪污，所以沒有一個貪官本身是清白的。歷史上可以看到許多著名的貪官，這些貪官不但貪了很多錢財，害了很多百姓，更重要的是他們會敗壞政治風氣。像唐玄宗時代兩個很有名的宰相——李林甫和楊國忠，這兩個宰相都是有名的貪官，所以從唐玄宗開始，唐朝的政治風氣就開始腐敗下去。在唐玄宗以前，唐朝雖也有貪官，但風氣上相對是比較好的，然而自唐玄宗開始由於李林甫和楊國忠的影響，貪污變成政壇上普遍的風氣，也造成了日後的安史之亂，從此唐朝就走上了衰敗的路子。

貪官確實可恨，但是貪官最可恨的不在他本人的貪污行為，而是他所造成的腐敗風氣。像清朝乾隆皇帝時代的和珅，是中國歷史上有名的大貪官，等到嘉慶皇帝掌大權後雖然把和珅抄了家，將他貪污而來的龐大財產充公。但是貪污卻已經變成一個普遍的風氣，抄了和珅一家已經不能改變整個風氣的敗壞，因此從嘉慶時代開始，清朝的政治高峰期便過了，從此一路走向衰亡的路子。貪污就好像是一個蛀蟲在不斷的啃食梁柱，把梁柱都穿空了，使得房子雖然看起來仍舊一樣，實際上梁柱內部卻已經虛空了，若外面稍有風吹雨打或有人稍微用力一推，這個房子便會垮了。所以貪污是政權崩潰的暗中殺手，會讓一個政權在不知不覺中毀朽而崩潰。

行政無能

行政是一個政府發號施令的系統，如果行政系統非常良好，這個政權的命令與施政措施就會徹底貫徹，運作也會非常順暢。反之，如果行政系統不能暢通，中央政府的命令往往不能下達，或者是下達速度非常緩慢，而下情又不能上達，甚至連地方的賦稅也由於行政系統不暢通而不能上繳中央，這樣的話中央政府的權力就會癱瘓。

行政系統就像一個人的血管，如果血管阻塞或心臟無力，那這個人必然病倒甚至死亡，所以行政是否有能力與政權存亡有極大關係。當行政無能時，常常會出現「號令不出城門」的現象，也就是說中央政府的命令出不了京城，地方政府不能接受中央的命令，甚至也不斷出現反抗中央的情景，這樣子地方割據就會應運而生。當地方紛紛割據時，中央政府缺少地方的財力支援便無法生存，中央政府不可能只靠京師就能運作下去，所以行政的無能會使政權自我衰竭。翻開歷史上每個政權衰亡過程看看，就會發現幾乎每個政權最後都會出現行政無能的現象，中央連任何地方政府都指揮不了，這個政權只好崩潰。

司法的不公

司法是維持社會公義的工具，司法的公正會讓人民願意服從政府的號令。然而中國自古至今，司法經常不公，司法黑暗更是經常發生。中國人最仰望的就是官場上能出現一位執法公正不阿的包青天，為何如此？這正是反映出中國司法史上大多數時間是沒有青天又烏雲密布的日子，這種司法不公確實會讓人民痛苦不堪。中國為什麼會司法不公？其中一個很重要的關鍵就是行政干預司法，換言之，中國向來沒有一個獨立於行政系統之外的司法體系。在古代行政官常是兼司法官的，中央政府中管司法的機關如刑部、大理寺，都在行政系統之內而不是個自外於行政系統的司法體系，在地方上的縣令是行政官也同樣是可以審問司法案件的司法官，所以行政跟司法糾纏在一起時，司法官常常受到行政勢力的干擾而無法真正獨立秉公處理案件。中國古代是如此，到了民國建立以後，表面上中國已經按照西方般架構了一套獨立的司法體系，實質上司法仍舊受行政勢力的干涉而從沒有真正的獨立過。

中國人是一個服從性很強的民族，司法的不公當然會使人民痛苦抱怨，然而若只是微小的司法不公，人民也不會反抗。但是若司法不公已經妨礙到一個人的生命，這個人必然是會起來反抗，因為如果不反抗的話，他必會被不公的司法處死，起來反抗的話最多也不過一死。我們看看歷史上每當朝代末年許多起來造反的人，常是由於司法不公才鋌而走險起事。我們可看看《水滸傳》的故事，那些梁山的好漢們為何會被逼上梁山？他們多半是被貪官污吏透過不公正的司法審判給逼上去的。所以司法對於政權來說好像一把小刀，它可以把房子裡的小蛀蟲剔除，讓小蟲不至於啃食梁柱，但若這把小刀使用不得其法，沒有把小蟲剔除，反而將梁柱越削越小，這梁柱只好斷了，房子也只好垮了。

黨派的紛爭

每一個政府難免都會出現黨爭，我們可觀察中國歷史，只要一個朝代超過二、三十年，政府裡面就很容易會出現黨派紛爭。黨爭對於政權來說不一定是壞事，事實上任何一個政治舞臺上很難避免出現黨派，所以黨爭實際上是政治舞臺上的常態。黨爭也不一定會影響到政權的崩潰，如果這個黨爭是為了國家的利益而產生，那就是個良性的黨爭，不會損害政權的存在。舉例來說，北宋神宗時王安石變法就產生所謂的「新舊黨爭」，王安石這一派主張要變法圖強的便號稱是「新黨」，司馬光等人反對改革要維持傳統的就被稱為「舊黨」。不過王安石的改革實際上是希望改變政府的政策路線，他們與司馬光這一派人爭的是國家政策路線，是比較理性的黨爭，所以這時候的黨爭並沒有傷害到國家安危。但等到王安石去世後，他的權力繼承人把黨爭變了質，變成個人利益與意氣之爭，這種黨爭就會傷害到政權，所以北宋政權很快就崩潰了。

另外我們再看看東漢中葉以後宦官當權，貪污腐化情況非常嚴重，於是許多士大夫便出來指責宦官的不當，造成了宦官派跟名流派的爭執。宦官將這些名流士大夫關到監牢去，許多士大夫在監牢裡病死，這就是歷史上有名的「黨錮之禍」。這種爭執實際上是宦官為了維護個人政治利益而造成的，使得名流死傷慘重，也讓東漢政權元氣大傷，所以東漢後來會出現「黃巾之亂」，走向崩潰之途。其實黨爭並不可怕，但如果黨爭的原因是出於意氣跟私人政治利益，這種黨爭才會讓政權走上崩潰。

優秀分子無法在政治上得到上升的機會

一個政府最重要的資源是人才，如果政府內部沒有持續吸納新的優秀人才，這個政府是無法長久持續運作下去的。不過當一個政權被若干少數人把持時，不管這種把持是用制度的或人為的等各種方法，就是不讓優秀分子有上升的機會，那這些在政治舞臺上把持政府重要職位的既得利益者，便會形成一個權力小團體，使優秀分子無法跟既得利益者公平競爭，於是優秀分子就會產生不平感，便可能用自己的才能與知識來反抗政府。

歷史的經驗告訴我們，許多政權的崩潰就是因為他們自己把優秀分子排斥在政府之外造成的，憤懣不平的優秀分子若起來領導群眾革命，也遠比農民自己盲目革命來的有組織有效率，力量也更大更可怕。我們可看歷史上的劉邦、項羽，都是優秀人才，韓信、張良也是有能力才幹之人。如果秦朝可將他們都吸納進入政府體系，讓他們在秦朝政府中有上升的機會，他們就不太可能起來領導群眾反秦了。西方政治學者常說：「革命的爆發是優秀分子上升之路被堵塞的結果。」觀諸歷史，這句話確實不假。所以一個政府如果只是少數人把持了重要位置，而不肯用開放胸懷接納與自己毫無關係的優秀分子，這個政權就得不到新的支撐力量；靠著既得利益者支撐的政權，只會不斷累積腐化、無能，這政權必然走上崩潰的路子。

軍事方面

軍事部署的不當

一個政府的維持有兩個重要的支柱，一是財政，二是軍事，所以軍事對於一個政府是非常重要的，越是極權專制的政府，軍事就越顯得重要。會影響政權存亡的軍事因素很多，其中重要的一個因素是軍事部署是否恰當，因為如果部署不當就等於沒有軍事力量。舉例來說，秦始皇統一中國以後，為了防範北方外族入侵，幾乎把所有軍隊都調駐北方跟西方的國防線上，使國內成為一個沒有軍事武力的真空狀態，造成陳勝、吳廣的揭竿起義，也造成天下大亂。這就像把消防車放在一個偏遠市郊，若城市裡起了火，消防車趕到市區來救火時房子都燒光了般。所以軍隊的部署是非常重要的，部署不當等於軍事武力不存在。

士氣不振

軍隊的士氣極為重要，士氣的強弱常會影響戰爭勝負，如果只有優良武器而沒有高昂士氣，戰爭必然失敗。試看抗戰勝利後的國共內戰，國民黨的軍隊在武器裝備上遠遠超過共產黨的軍隊，但國民黨的軍隊屢戰屢敗，主要原因就是士氣低落，不戰而潰。這種情形在中國歷史上屢見不鮮，像南北朝的陳朝末年，陳朝的北方敵人是隋朝，隋兵壓境，可是陳朝軍隊卻士氣低落，所以隋兵也就輕易渡過長江攻入首都南京。當時陳朝士兵幾乎沒有抵抗就全部投降，這就是因為陳朝軍隊士氣不振，心裡面根本不想抵抗，如此的陳朝政權自然也就一觸而潰。

我們再看宋代是個國勢頗弱的朝代，不管面對是遼、金、蒙古，宋軍常是打敗仗的。宋朝軍隊人數不少，但是在面對遼、金、蒙古時常常屢戰屢敗，何以故呢？主要是因為宋代軍人士氣低落，因為宋朝從立國之初就立下「重文輕武」政策，所以宋代尤其約在真宗、仁宗以後的武人在社會上是被輕視的，誰要是當兵，甚至就算當了將領都不引以為榮，如此的軍隊士氣又怎能高漲？所以宋代軍隊人數雖多，除了駐防西北的西北軍在面對西夏時還算有戰功也較有些士氣外，其他大多數的軍隊多半沒有在戰場上一拚死活的雄心壯志，因為大部分的士兵多是社會上沒什麼作為的人才去當兵的，所以軍隊士氣低落，造成宋代在軍事武力上積弱不振，為外敵所打垮。因此如果政府要在軍事上強大起來，不僅僅是軍事裝備上的精良問題，最主要的還是士氣問題。

出現功高權重的軍事將領

一個功高權重的軍事將領，常會對現存政權構成莫大的威脅，因為這個軍事將領功高，所以會得到全國人民的擁戴，造成他聲望極高。這個軍事將領權重，手上握有實際的武力，等於是利器在手，隨時可推翻當時存在的政權。歷史上這種情形非常多，譬如曹魏時代的司馬懿，或南北朝時代的劉宋開國君主劉裕，都是典型的功高權重之軍事將領，他們的出現對於現存政權往往會造成威脅。事實上，這些將領常常是推翻現存政權的人物，這也是歷史上常看到何以許多立了大功的軍事將領最後不能善終的原因。我們常看到歷史上許多開國功臣被誅殺的實例，這些開國功臣都是功高權重的人，他們無論是在聲望上或軍事權力上都可能威脅到君主，所以君主會把他們殺了，以免危害自己的政權。

經濟方面

民生物資的匱乏

民生物資是人民仰賴生存的物質，如果過度匱乏則人民無法生活，必然會造成動亂。中國人是很能吃苦耐勞的民族，但是吃苦耐勞也有一個限度，這個限度就是要活下去，如果遇到物資完全缺乏的狀況時，人民就會活不下去，必然起來想辦法搶奪物資維持自己的生命，動亂也隨之而起。

何以民生物資會匱乏？有時是因為生產力的不足，人口膨脹太快，生產速度遠趕不上人口成長，所以會造成民生物資的不足。有時則是因為地區之間物資不均衡，也就是甲地區的物資尚可供應，但乙地區卻是非常匱乏，於是乙地區的人為了生存不得不大量遷移進入甲地，也搶奪甲地的物資，使得甲地人民也跟著成了難民必須流亡至丙地求生存，動亂的骨牌效應就很可能發生。有時候民生物資匱乏也是因為貪官污吏造成，這些貪官污吏把民生物資據為己有，造成大多數人民無以生存，他們就不得不起來搶奪。

不管是哪種原因造成的，民生物資的匱乏常常造成動亂。試看中國歷史上很多政權的動搖都是因為民生物資的匱乏，像水災、旱災或貪污風氣的盛行，最容易造成因為民生物資匱乏而引起動亂，動亂的結果就是造成政權的崩潰。

財政的困難

經濟生產的不足常會造成財政的困難，由於經濟問題使得政府賦稅收入不足，於是政府常常沒有錢財可支付應該付出的費用，那這個政權就會發生危機。例如唐朝末年許多地方上的節度使都訓練了自己的軍隊，中央軍反而非常弱小，於是中央政府很想訓練一支強大的中央軍制衡地方勢力。但是因為各地節度使勢力強大，賦稅也不上繳中央，造成中央政府財政困難，中央便沒有辦法籌募到這些軍餉。這種想強化中央軍的構想最後只有落空，所以唐朝末年地方武力超過中央，中央政府便無法對付各地的節度使，只好崩潰。

政府的財政就像人身體裡的血液，當人體內的血液量不足時，就會非常虛弱貧血，最後衰竭而亡。政府的財政如果非常困難也會發生同樣情形，無法處處支應政府部門該有的支出，政府只好虛脫而亡。

社會方面

道德的淪喪

道德是一個政權得以維持的重要基石之一，如果道德淪喪，這個政權的基礎就會動搖。社會秩序固然要靠法律維持，若人們違法也會受到制裁，但是法律是由政府官員來執行的，如果遇到無能的政府官員，或是司法不公，或是當權者玩弄法律來弄權，法律不但不能支撐這個政權，反而會造成人們對這政權的反感。

道德跟法律不相同，道德是一個人內在的自我反省，法律則是外在的約束。如果社會普遍的道德都很高超，則這個社會秩序必然良好不會有動盪發生，政權自然安定；反之如果道德淪喪，社會上各種違法的事情都會發生，因為人們沒有內在道德的自我約束，就會我行我素，毫不在意法律問題，甚至於想盡辦法逃避法律責罰。所以在道德淪喪的情形之下，社會會變成「不以犯法為恥」，這樣是非常可怕的。因為當大家都不怕法律也都不以犯法為恥時，這個社會很不適合人生活，這個政權也必然會發生價值與秩序的混亂，最後終將崩潰。

社會的混亂不安

政權的維持是希望民心能夠安定，所以我們看中國歷代建立政權的開國君主，凡是能安定民心者，他的政權必能長期維持下來。如果君主不努力安定民心，他的政權必將短命，因為民心不安社會混亂必會造成大動亂。我們可看中國歷史，政權的崩潰十個有九個都導因於動亂，動亂之下的政權極易崩潰，就像一座房子如果不斷有外力推撞，是很難長期維持下去而不倒的。所以社會安定是一個政權應該努力積極作為的事情，沒有任何一個政權希望民眾一起走上街頭搞動亂的，只有專制極權的政權才可能會運用控制民眾、動員民眾的方式來走上街頭搖旗吶喊，動員群眾搖旗造勢表面上看好像是在幫助政府，其實這只是極權專制政權在玩弄民眾的戲法。縱使極權專制的政權也不會希望社會混亂，因為社會混亂對一個存在的政權非常不利。所以，主政者絕對要避免發動群眾運動。

總而言之，造成一個政權崩潰的因素雖然各不相同，但前面所說的四方面各因素，都是促成一個政權崩潰的重要因素。無論是專制的或民主的政權，這四方面各因素都同樣具有影響力，因此任何一個執政者應該盡力避免前面所說的四方面各因素之發生，政權才能穩定存續，不至於走上崩潰之路。

成為明君的條件

禮義廉恥——統治者要提倡道德嗎？

《管子》：「禮義廉恥，國之四維。四維不張，國乃滅亡。」

小時候，我喜歡看京劇。在京劇中，屬三國的故事最多。曹操是戲中經常出現的人物，在京劇中，曹操的扮相是個大白臉。小時候的我不曉得曹操為什麼要有一張大白臉，長輩們告訴我：京劇的人物都有一張臉譜，這些臉譜反映出這個人的品德與個性，大白臉表現出這個人是奸詐，紅臉則表示忠義。所以在京劇裡面，許多奸臣的臉譜都是大白臉，除了曹操之外，像趙高、嚴嵩，這都是奸臣，都是大白臉；像關公，則是紅臉，這些都是京劇裡邊的人物，他們的臉譜表現了他們的性格與品德，所以從小看了戲，就覺得曹操是個大奸臣。

曹操是大奸臣嗎？

等到讀了大學後，看了陳壽的《三國志》，卻發現《三國志》裡邊記載的曹操似乎沒那麼奸詐。曹操的故事可以從東漢末年漢靈帝死後開始，靈帝死後，何皇后跟他的哥哥何進，就立了靈帝的長子做皇帝，歷史上稱做少帝。這時候宦官當權，何進是外戚，外戚跟宦官兩體系在東漢一直是互不相容、互相對立的，所以何進就想除掉當時當權的宦官。何進一方面跟他的妹妹何皇后討論如何除掉宦官，一方面也跟當時京城的守備司令——當時稱為司隸校尉——袁紹，商量怎麼削平宦官。另外一方面，何進又寫信去召當時武力最強的「涼州軍」領袖董卓進京一起除宦官。可是何進要除宦官的消息卻外洩，宦官們知道了，就先把何進殺掉。袁紹一看，此時情勢燃眉之急，立刻帶領部下殺進皇宮去，看見沒長鬍子的男人就殺，結果在首都洛陽的皇宮裡面把宦官都殺光了，皇宮裡血流成河，這是中國歷史上第一次的宦官大浩劫。袁紹殺光宦官不久，董卓應何進之召，帶了軍容壯盛的涼州軍進入洛陽，可是俗話說「請神容易送神難」，數萬涼州大軍突然入京，以涼州軍軍力之盛，在洛陽的袁紹軍力根本不能與之抗衡，於是袁紹就出京逃亡，離開洛陽了。董卓入京後，京城之中沒有人是他的對手，就擅自廢了少帝，立少帝的弟弟即位當皇帝，就是歷史上的漢獻帝，也是大漢四百年天下的最後一位漢朝皇帝。

董卓稱霸洛陽後，覺得這地方是中原四戰之地，無險可守，就強押著年幼的漢獻帝跟一批文武大臣，搬到離自己地盤涼州比較近的長安城去，董卓認為長安進可攻退可守，可以當自己的根據地，於是大舉遷都。到了長安後，董卓卻被他的部下呂布所殺，而董卓原先麾下幾個將領又彼此不合，互相殘殺，所以造成長安城的內亂，情況一片混亂。這種狀況下的漢獻帝簡直無處求生，他身邊的臣子就悄悄的帶了年幼的漢獻帝從長安再逃回洛陽去。這些臣子們保護著小皇帝逃回洛陽的行程非常艱苦，因為他們既沒有盤纏，也沒有錢財，一路飽受冷熱煎熬，幾乎等於是行乞一般回到洛陽。等到他們一行人好不容易回到洛陽，一看，此時的洛陽城卻早已經殘破不堪，因為董卓離開洛陽時，率大軍把洛陽城給搶劫一空，同時皇宮裡又長期沒人住了，加上之前又死了那麼多的宦官，所以皇宮中雜草叢生比人還高，這時的皇宮景象非常恐怖，到了晚上還會讓人覺得鬼哭神號，幻影四出，毛骨悚然。如此情景下的小皇帝，住在這種鬧鬼的皇宮中，簡直難以入眠，更嚴重的是大家都沒食物，飢寒交迫。而且殘破的洛陽皇宮中連佣人、護衛也沒有，這些大臣們守著漢獻帝，暫時讓小皇帝留在皇宮裡，大臣們出皇宮四處去跟還有殘餘糧食的人家乞食，乞討了一些食物就獻給漢獻帝，所以漢獻帝當時的情況簡直就像個小叫化頭。

這種情況當然不是長久之計，所以這些大臣們就替漢獻帝寫了許多封的求救信函，給天下各州的刺史州牧們（類似今日各省省長）求救，請他們帶兵到洛陽來保護小皇帝，可是這些求救信函發出去後，毫無音訊。當時在北方勢力最強的，就是之前逃出京城的袁紹，袁紹接到求救信後，卻置之不理，其他各地的州牧也統統不聞不問，只有曹操，他當時是兗州牧，帶著麾下軍隊進入洛陽護駕。曹操進入洛陽，看見洛陽這副殘破的景象，覺得不宜再居，於是就讓漢獻帝跟這些臣子們遷到曹操的根據地——「許」，也就是今天的河南許昌。從此以後，曹操成了漢獻帝小朝廷的實際掌權者，之後又做了漢朝的丞相，漢獻帝日後更封曹操為魏王。當然此後的漢獻帝是在曹操的政治保護之下，漢獻帝的詔書也都是從曹操根據地許昌發出去的，此時，各地方的州牧卻紛紛指責曹操「挾天子以令諸侯」，但是曹操不為所動。到了漢獻帝建安二十五年（二二〇）正月，曹操病逝，他病逝時的官位是漢朝丞相，也被封為魏王。到了十月，曹操長子曹丕，逼漢獻帝禪讓皇位，曹丕自己當上皇帝，改國號為魏，於是漢朝滅亡，歷史上稱曹丕為魏文帝。

以上這段歷史，看不出來曹操有什麼大奸大惡，從陳壽《三國志》裡的記載，也看不出陳壽責罵曹操如何奸惡。事實上，曹操他終生為漢臣，沒有做過一天的皇帝，雖然後來的歷史上稱曹操為魏武帝，但「武帝」這個稱號，是在曹操死後，他兒子曹丕做了皇帝後追贈給他的帝號，曹操在世時並沒有做過一天的皇帝，反而是曹操的對手劉備、孫權，他們在世的時候，都自己做了皇帝。所以從陳壽《三國志》來看，曹操對漢朝並沒有不忠，也沒有篡位，那何以京劇裡面會將曹操說成大奸臣？這讓人很懷疑。原來，曹操會變成大奸臣，實際上是受羅貫中《三國演義》的影響。羅貫中是元末明初人，他生活的時代是理學興盛時代，理學最講究的是道德，在理學的思想之下，一個人的生命還不如道德來的可貴，於是以道德的標準來看，曹操的價值就出了問題。

從政治學的眼光來看，曹操挾天子以令諸侯，確確實實是「權相」，但是在政治學的觀點來看，有權力的人掌握發號施令的權，本來就是應該的，並不是什麼大罪惡，因為當時平定整個中國北方長江以北諸路群雄的，不是漢獻帝的功勞，而是曹操的功勞。從政治學眼光來看，他是當時的政治強人，有發號施令權是當然的。但是羅貫中的《三國演義》一書，是綜合宋代以來各家民間話本的歷史結晶，反映出宋元以來理學興盛後的道德眼光。所以用道德的眼光來看，曹操就出現道德上的問題，為什麼呢？原來曹操還活著的時候，曾經分別在建安十五、十九、二十二年發過三次詔令，歷史上稱做「魏武三詔令」。曹操這三次命令都是徵求人才的命令，都明白表示他要的人才只問才幹不論品德，所以縱使是不忠不孝、偷雞摸狗、品德低下之人，只要有才幹的，曹操都願意重用，在中國歷史上敢於下這種「不問德只問才」的徵求人才命令，幾乎是絕無僅有的。

我們知道，漢代選拔政治人才是用「鄉舉里選」的方式，在鄉里中是推選什麼樣的人才呢？叫做「舉孝廉」，就是推舉孝子跟廉吏，所以舉孝廉實際上是推舉兩種人才，但孝子也好廉吏也好，都是以道德做為選拔標準，也就是說漢代在推舉人才從政的標準是看他的品德，選拔有品德的人出來從政。曹操的三次命令便是要推翻漢代以來的傳統，他不論品德唯才是用，而且標榜可以不忠不孝不仁不義都沒有關係，這種只問才幹不問德的選拔標準，明白顯示曹操本人也蔑視道德。但這對宋代以後的理學家來看，曹操竟敢蔑視道德，簡直是滔天大罪，所以在宋代以後的眼光來看曹操是敗壞道德的大罪人，是故像曹操這樣的人豈可不被他們列為奸惡之人？在這種觀點影響下，連民間的話本都逐漸反映出對曹操這種泛道德式的負面評價，經過數百年後在羅貫中綜合歷代話本下寫成的《三國演義》中，也自然會將曹操描寫成奸詐小人。京劇的腳本也大多根據羅貫中《三國演義》的故事來改編，於是京劇中的曹操當然也變成大奸大惡，變成一張大白臉了。

統治者何以提倡道德

翻開二十五史，歷代的君主，無論是詔書或是傳記裡面，君主幾乎沒有不標榜道德的，也就是說他一定要提倡道德，徵求選拔人才同樣也要兼顧道德。那道德是什麼？在中國，很容易了解傳統上向來有「四維」——禮義廉恥，和「八德」——忠孝仁愛信義和平，這四維八德就是中國人認為道德裡面最重要的幾個項目，所以君主幾乎沒有不提倡四維八德的。在四維八德中，最重要的是忠跟孝這兩項。忠，是公德的代表；孝，是私德的首要。如果一個人不忠，在其他的公眾事務方面，他的品德都不用說了；如果一個人不孝，那他的私德一定是有問題的。所以中國人向來注重忠、孝兩個字，在中國社會裡面，我們常常看到許多代代相傳久遠的家族，他們的族譜上往往都會寫著「忠孝傳家」以訓勉子孫。古代的統治者——君主，也是特別重視忠與孝，所以我們可看看二十五史的記載，古代君主經常褒揚、獎勵那些忠於國忠於君的人，或同樣也褒揚獎勵那些孝子。二十五史裡面，許多的史都有〈忠義傳〉、〈節孝傳〉或〈孝行傳〉，這表示中國古代統治者非常重視道德，我們看今天中國有許多地方還留有許多皇帝頒賜給那些忠臣孝子後代的匾額，這都表示歷代統治者對於道德的重視。

何以統治者要提倡道德？因為提倡道德對統治者是有利的，這其中至少有三個重要的利益：

造成社會的安定

道德是要求一個人行為的自我約束，每個人的行為要合乎規範，所以在有道德的社會裡面，社會秩序是井然有條的。如果道德墮落而逐漸消失，那這個社會許多亂象就會產生，竊盜、欺詐、暴力，各種各樣的社會壞事都會出現，這個社會秩序就會大亂。對於一個政權來說，社會秩序紊亂是不好的因素，因為如此會造成各個小動亂累積變成大動亂，而大動亂是政權覆亡的前兆，所以社會上最理想的狀況是很安定沒有動亂。這是一個既存政權最希望的，社會非常安定，每個人生活都按部就班井然有序，這政權就會非常穩固。沒有一個統治者會希望社會是亂的，希望策動社會群眾一起來起鬨鬧事。

但是，以下兩種統治者是例外的，他會希望社會越亂越好：一種是這統治者別有野心，他希望把自己變成希特勒、史達林，利用民粹走向絕對集權的統治，利用動亂的群眾在混亂中建立自己的權威，搞造神運動與偶像崇拜，造成恐怖政治。另外一種統治者便是愚蠢的統治者，他也會希望社會動亂，因為他將動亂看成好玩有趣的、過癮刺激的，根本不知道社會動亂其實對他自己不利，這種統治者根本屬於無知。除了上述別具野心或愚蠢的兩種統治者外，正常的統治者都不會希望社會動亂，而讓社會安定最好的方式是讓社會上每個人都有道德觀念，每個人都能自動自發守護道德的價值。所以道德對統治者來說，是社會的基本安定力量。

造成清明的政治

政府的官吏如果沒有道德觀念，他很容易會讓私慾遮蓋了良知，走向貪污虐民，造成百姓生活困苦，這些百姓往往就會被逼上梁山，走上反叛政府的路子。我們看許多朝代的晚年政治腐敗，官吏貪污，官逼民反，這樣的結果就會造成動亂，動亂就會造成這個政權的覆亡，所以政治清明實際上絕對是對既存政權有利的。因此，統治者會希望他底下的政府官員是清廉公義的，統治者提倡道德，可以讓官員們都有道德觀念，約束官員的紀律清明，所以提倡道德是促成清廉政治最好的方法。

效忠心理的建立

在中國人講的道德中，忠，是非常重要的一環。忠，可以忠於朋友，忠於國家，當然古代的統治者，是希望臣民能忠於自己、忠於政權，所以君主提倡道德，是希望全國臣民都能效忠他個人與他的政權。實際上君主提倡忠，對臣民的心理確實影響非常大，我們試看在中國歷史上有段時期是政權壽命最短的時期，也就是五代——梁、唐、晉、漢、周五個短命朝代，為什麼五代的國祚都很短呢？原因很多，但其中有個重要原因就是沒有忠君觀念。當時許多臣子不把效忠於某一個政權視為自己需要堅守的道德觀念，所以我們看看五代時期梁唐晉漢周的最後一個後周時，後周開國功臣，幾乎都是前幾朝的老臣，這也就是說幫助後周建立政權的臣子，其實都是前幾個朝代的重臣，他們沒有效忠於前幾個朝代，一個一個的換朝代也不在乎，他們當時並沒有效忠心理，所以五代各個政權就不斷的輪換，快速得不得了。一直到了第六個政權也就是宋朝時，當時開國君主宋太祖趙匡胤知道缺乏忠的觀念對政權絕對不利，所以他非常重視提倡忠，用實際行動來獎勵忠臣，下面我們舉宋太祖幾個獎勵忠的例子：

（1）宋太祖趙匡胤，原是後周的殿前都指揮使，帶兵離開首都開封，到北方去禦敵。大軍走到陳橋，軍中將領將黃袍加在趙匡胤身上，大軍回到開封，表明要後周幼主禪位。後周副都指揮使韓通鎮守開封，準備抵抗趙匡胤，大將王彥昇趁機殺了韓通，趙匡胤才能順利進入開封。王彥昇自認功勞極大，趙匡胤卻認為王彥昇不忠，所以即位後並未重賞王彥昇，反而追贈給韓通為中書令，以示褒揚。

（2）宋太祖領兵進入開封，大臣陶穀迎接宋太祖，宋太祖將接受後周恭帝的禪讓，但缺少禪讓的文告，陶穀此時從身上拿出一張紙，對宋太祖說：「臣已草擬好禪讓文告。」宋太祖看了陶穀一眼，感覺此人對後周如此之不忠，實在沒有品德，便很輕視陶穀，終身不再重用。

（3）宋太祖征南唐，南唐大臣杜著、薛良偷偷潛來投降。宋太祖痛恨二人不忠於南唐，將杜著處死，將薛良貶官為廬州牙校。

（4）宋太祖征服北漢，擒拿北漢宰相衛融，責問衛融說：「你幫助北漢主劉鈞勾結外敵來對抗我，是何原故？」衛融說：「犬吠非其主，我不忍心辜負劉氏，你縱使不殺我，我也不會為你所用。」宋太祖大怒，命人用鐵錘打他的頭，血流滿面。衛融高呼：「我死得其所也。」宋太祖心中欽佩，自言自語說：「真是忠臣也。」命令手下釋放衛融。

由於宋太祖獎勵忠君，所以造成宋代忠君觀念成為風氣，使宋代政權弱而不亡，國祚延續了三百二十年，與五代的短命形成強烈的對比。

我們再回到曹操下了三次徵求人才卻不問道德的三詔令，他這些詔令其實是矯枉過正了，後果又如何呢？便是造成魏晉南北朝時代沒有忠的觀念，忠的道德觀蕩然無存，實際是很可怕的事情，所以曹魏本身便是個短命的政權，很快的就被晉朝篡奪了，晉朝後來也被推翻，以後就是南北朝。我們可以說從曹操以後一直到隋唐的這些時代，忠君觀念都非常淡薄，造成這些朝代許多不良的後果，政權不穩定，所以忠的觀念對於一個既存政權非常有利。

道德是內在約束力量

以上我們講到統治者需要提倡道德，因為提倡道德至少有上述三個重要利益。當然，上述三利益——社會的安定、政治的清明跟政權的效忠，理論上也都可以用法律來要求，政府可以嚴刑峻法來維護社會秩序，也可以用嚴厲的辦法來限制官吏貪污，或用嚴懲的方法要求全國臣民效忠。但是，法律是有限度的，因為「徒法不足以執行」，任何一個法律都要靠人來執行，如果執行者有了偏差，光有法律也沒有用處。例如用嚴刑峻法來維持秩序方面，秦始皇就是如此，但秦卻是個短命的政權，因為嚴刑峻法需要執法人員來嚴格執行，執法的人本身若無道德，就會利用執法過程玩弄法律上下其手荼毒百姓。如此，到了政府公權力不夠強大時，這時候人民必然還是會起來反抗，陳勝、吳廣即使手無寸鐵也要揭竿而起，便是這道理。

政府理論上也可以制訂重罰來懲治貪官污吏，但問題是如果整個官員群個個都操守不良，那誰去執行懲治貪污的法律呢？也許執行懲治貪污法律的司法官本身就在貪污，本身就違法，那請問又如何讓政治清明呢？所以要讓政治清明絕不是只靠法律就可以奏效。同樣政府也可以用嚴格處罰的方式來要求全國臣民效忠，但這更不可能做到，因為若許多官吏當利之所在時，他就算不效忠你，你政府又能如何呢？當政府公權力不強時，是根本無法強制要求人民去效忠的。所以若單單想要用法律，去達到上述三個對執政者有利的利益，是很難做到的，可是若用提倡道德的方式，就很容易做到了。因為法律是一種外在的強制力量，一個人會畏懼法律而不敢破壞社會秩序，會畏懼法律而不敢不清廉，會畏懼法律而不敢不效忠於當時的政權。但是這種

「不敢」是受外力壓迫造成的，他因為恐懼所以不敢，且一旦執行法律的公權力薄弱時，就無法再用外力約束個人了。然而道德不是這樣，道德是一種內在的自我要求，就算沒有任何外在的約束，他自己也會要求自己這麼做，因為不這麼做的話會不合他的觀念，會良心不安。所以縱使沒有外界的壓力，一個人有了非常強烈的道德觀後，他不會破壞社會秩序，他做官也會清廉愛民，對既存政權也會傾向效忠。這種內在約束力量，是法律無法達到的，我們可拿兩個例子來看：

（1）清代曾國藩：曾國藩在平定太平天國以後，手上掌握幾十萬湘軍，勢力浩大，於是有人就勸曾國藩何不乘機自立為皇帝，不用再理會滿清做滿清的臣子，但曾國藩最後仍是沒有聽從這勸告，仍選擇效忠於滿清。曾國藩不願意背叛滿清，主要不是懼怕滿清法律的制裁，而是他本身是一個強調道德的人，他覺得做一個反叛的人是不道德的，良心會不安，沒辦法對子孫跟歷史交代，所以曾國藩還是願意效忠於滿清。

（2）南宋末年的文天祥：文天祥抵抗蒙古軍，後來被元兵俘虜，元世祖忽必烈勸文天祥投降，甚至願意讓他做元朝的宰相，但文天祥堅絕不答應，寧死不降。文天祥怕什麼？他怕投降是反叛宋朝所以會被宋朝法律制裁？但這時宋朝已經滅亡不存在，宋朝的法律早已不能制裁文天祥，但文天祥還是不投降，這個不投降就是因為文天祥心中強烈的道德意識限制他的行動，縱使有榮華富貴等著他，他也寧死不要，這就是道德觀念非常強大的一個表現。所以文天祥會慷慨選擇死亡而不選擇榮華富貴，他不是畏懼法律，而是畏懼道德的裁判。所以一個統治者提倡道德，對他的政權之延續絕對是有利的。

有人會認為君主本身的私生活常常是不道德的。不錯，君主本身確實有許多行為會不道德，但是君主是生活在一個封閉式的皇宮裡面，所以縱使其私生活不道德，通常也不太會蔓延到皇宮外為人所知，君主在皇宮外要宣揚道德，他在皇宮內的表現卻可以截然不同。君主在皇宮內的表現真相，也許就像生了病感染許多細菌般齷齪，但這細菌也是被皇宮的圍牆包圍而沒有蔓延到社會上，社會上的百姓也不知道不清楚皇帝在皇宮中到底做了哪些卑鄙齷齪的事，所以那些皇宮內的細菌也不會感染到皇宮外的社會百姓。當然，皇帝身邊有時會有許多近臣或太監，若他們可以走出皇宮來，做了許多不道德的示範與行為時，這樣就會把皇宮中齷齪行為的細菌帶到社會上，如果帶了太多這種不良細菌到宮外，那這個政權就會生病、死亡。我們只要看東漢、唐朝、明朝等三個朝代的宦官，都能走出皇宮，把皇宮中破壞道德的不良因子細菌帶到社會上來，最後的結果便是政權崩潰。

進入二十世紀，孫中山的革命把君主專制政權推翻，從此統治者不再是君主，但縱使到了民主政治時代，仍舊是有統治者與被統治者，政府行政的最高長官，無論他的名稱是總統或總理，仍然是國家的統治者。縱使進入二十世紀的中國，統治者仍然要強調道德，因為重視道德，這個國家才會繁榮強盛。譬如說在抗戰爆發之前，蔣中正領導國民政府，提倡了「新生活運動」，新生活運動就是要強調禮義廉恥，忠孝仁愛信義和平，新生活運動對於後來的八年抗戰提供很大的支持力，這在近代史的學者們早已討論過。抗戰八年，中國物資極度缺乏，生活非常艱難，當時中國人是怎麼撐下去的？重要的便是精神力量，這精神力量從哪裡來？不能不說新生活運動是塑造了一個很重要的支柱。

一九四九年以後，中國分裂成為兩個政權——臺灣跟大陸。在一九九〇年以前，臺灣在蔣中正與蔣經國父子的統治之下，提出了「中華文化復興運動」，這個運動強調傳統中華文化道德的重要，所以從一九四九年到一九九〇年這一段，臺灣由一個動盪不安的局面，慢慢走上社會穩定與經濟繁榮，到了一九九〇年幾乎是臺灣經濟最繁榮、社會最安定的頂峰，這便是因為統治者提倡與重視道德。相反地，我們看一九九〇年以前的中國大陸，在毛澤東統治之下，歷經了三反五反、破四舊、文化大革命，這些運動都是在打倒跟破壞傳統道德價值，企圖用激情的口號與動員群眾暴力的方式來穩固執政者既得利益，所以在一九九〇年以前的中國大陸，是社會很落後、經濟也蕭條、人民也貧窮的時候。

一九九〇年便開始有一個分水嶺，海峽兩岸都發生了一百八十度的大變化，一九九〇年以後，臺灣開始忽視傳統道德觀念，甚至於連愛國的道德觀念在臺灣也不敢公開的高喊，於是臺灣社會集體價值開始紊亂，經濟開始急速衰退。反之，一九九〇年以後的大陸，重新拾起傳統道德觀念，再度推崇孔孟的傳統儒學思想，在教育上，很清楚看得出大陸是重視人文思想的，於是九〇年以後的中國大陸，社會蓬勃發展，經濟飛躍進步，所以這兩個對比是非常有趣的。九〇年以前的中國與臺灣，跟九〇年以後的中國與臺灣，是兩個強烈的對比，這關鍵點是在於道德，也就是在於統治者提不提倡道德，提倡道德的就會造成國家強盛與政權穩定，不提倡道德而光喊激情口號的，就會造成國家的衰弱與政權的不穩。

王子犯法，與庶民同罪？——中國人有法治精神嗎？

《史記・商君列傳》中有一段記載，在戰國時期，秦孝公請商鞅到秦國主持變法，使秦國富強起來，這便是歷史上的商鞅變法。當商鞅變法時，秦國的太子駟犯法，商鞅雖重法，也認定太子駟有罪，但卻無法處罰太子，於是就讓太子的兩位師傅來承擔。「王子犯法，與庶民同罪」是中國人對司法公正的一個理想，然而翻開中國史籍，卻沒有發現任何一個例證可以落實這個理想。也就是說，這個理想只是個理想，並沒有變成事實，歷史上王子犯法從來都未曾與庶民同罪，商鞅是主張重法的人，太子駟犯了法，商鞅也只不過判了太子駟的罪名，但是太子駟仍舊沒有受到刑罰，因為刑罰由他師傅來代受，所以王子犯法與庶民同罪，實際上是一句空話。

法律不等於法治

中國最晚在周代時就已經有法律了，以後歷朝歷代都有法律，唐朝以前的法律並無完整保留至今，但是從史籍中仍可以發現到零星的法條記載，證明歷朝都有法律。從唐朝開始，完整的法律被保留下來，直至今日我們都可以找出完整的唐律、宋刑統等法律條文，可見中國是個很早就有法律的國家，然而法律並不等於法治，中國是個有法治概念的國家嗎？中國人有現代的法治精神嗎？

現代的法治精神，必須建立在三個基礎上面。第一，法律之前人人平等，沒有任何一人可以高於法律。第二，任何人的行為是否犯罪，是以法律為依據做判斷。第三，司法制度是公正的，不受任何人與任何外力的干預。這三點是法治精神的基礎，如果這三點或只要其中有一點不存在，這個國家就不能算是法治國家。我們以這三個基礎來看，中國雖然有法律，但並不能稱得上是一個法治國家。我們可以看到中國人實際上是個很不重視法律的民族，中國人認為要評量一件事情，常常用「情、理、法」做為標準，情是擺在第一的，理是第二，法是最末的。也就是說衡量一件事情，先從情，再從理，最後才論法，所以中國人是不重視法的，這就造成了中國缺乏了前面所講的法治精神三個基礎。下面我們從幾個方面來分析這問題。

中國向來不重視法治

不平等的觀念

從遠古以來，中國人就認為人與人之間由於聰明才智、生活環境的不相同，所以每個人並不平等。一個讀書的士人跟一個耕田的農夫，社會對他們的待遇是截然不同的，所謂「刑不上大夫，禮不下庶人」，就反映出中國人把社會上的人分為不同的等級，也有不同的法律待遇。這種不平等的觀念，在歷代法律條文裡面也可常見，例如王公大臣如果犯了法，常常有優待可以減免罪刑的情形，這就跟一般庶人百姓待遇不一樣。中國人認為這種人與人的不平等是當然的，沒有人提出異議，而把人看成是平等的觀念是西方傳入的，中國歷史上並沒有產生這種人生而平等的觀念，所以我們的法律就會造成對不同的人有不同層次的規定。這就不合我們所謂的法治精神基礎，也違反了「法律之前，人人平等」的觀念，所以中國人的不平等觀念實際上破壞了法治精神。

君主破壞法律

法律的制訂者是君主，但是首先破壞法律的往往也是君主。例如唐德宗皇帝建中元年（公元七八〇年），政府頒布了「兩稅法」，這個法律規定人民每年要分兩次納稅，也就是分為夏稅、秋稅等兩稅，除這兩稅之外，政府不能向人民更取分文，若是再取分文的稅賦就要以違法論處。然而到了建中四年，唐德宗以國家軍用太高為由，下令在兩稅之外又加收額外的稅款，所以第一個破壞兩稅法的就是唐德宗本人。

實際上從歷史上觀察，破壞法律的君主非常多，君主的命令常常超越法律，主要原因是中國的君主不受法律的限制，他是高於法律的人，法律裡規定殺人者死，君主殺人卻不必被判死罪，所以君主不受法律的約束。一個超越法律的人，當沒有任何東西可約束他時，他就很容易任由自己的心意隨便發號施令，而任意發號施令往往就會破壞了法律，破壞法律後，君主又不需負任何責任。我們常常可以看到歷史上的昏君或暴君隨意下令把某臣民殺掉，也根本不經過任何司法審判，而臣民也認為君主有這個權力隨意殺人，這就是君主破壞了法律，臣民也認為君主有破壞法律的權力，如此法律怎能建立它的權威呢？這完全不合前面所述法治精神的第二個基礎：一切的行為都應該以法律為依據。君主的任何作為不以法律為依據，如此法律便失去其完整性與權威性，法治精神當然不能保存。

特權的干預

自古至今，中國社會處處充斥特權，君主是最大的特權者，皇親國戚、政府官員也都是特權者。這些掌握權力的人，常常利用權力來干涉法律，讓他們的行為不受到法律約束，這就是特權。特權者，完全可不顧及法律的規定。譬如南宋高宗時，岳飛準備北伐，被秦檜用十二道金牌召回杭州，最後把岳飛處死。當此際，另外一個將軍韓世忠就問秦檜說，究竟是什麼罪名要處岳飛死刑？秦檜回答他說：「莫須有。」這「莫須有」三個字是表示不需要任何證據就可以把他處死刑，罪名是任意加的，不必經過法律的查證，隨意加一個罪名就可以處死刑的，充分反映出一個手握特權者藐視法律的行為，如此又怎能說他有法治精神呢？翻開二十五史，看到許多政府官員都是利用特權來做貪污違法之事，卻沒有受到法律的制裁，因為他們享有特權，執法的人對他們無可奈何，甚至於他們本身就是執法的人，這種特權實際上是法律的最大破壞者，社會上存在的特權越多，越是代表這社會不是個法治社會。

司法系統不能獨立

中國自古至今，司法系統從來沒有獨立於行政系統之外。中國的司法幾乎就是行政系統的一部分，古代的司法可以分為地方跟中央，地方的司法官其實就是地方的行政官兼任，譬如說知縣、知府，他們是行政官，但也一樣要審判司法案件，所以司法、行政幾乎不分。到了中央雖然有司法的機關，像刑部、大理寺，然而這些機關都是屬於行政系統之內的一單位，都隸屬宰相之下管轄，所以他們會受到行政長官的干涉。司法沒有獨立在行政系統之外，常常會產生司法與行政之間的矛盾，雙方的立場會糾纏不清，這就會造成我們常說的「官官相護」。假設古代一個人到縣裡面去告縣政府裡的某官員貪污違法，這位知縣要怎麼去審判那位被告的行政部門官員？那位被告官員可能就是這位知縣的部下，知縣又能如何幫助那位原告呢？他很可能就會袒護自己的部下，到了中央亦復如此，造成官官相護，就是因為行政與司法糾纏在一起，行政官就是司法官，他的立場根本不分明，所以他執法時又怎能站在一個法律的立場而不顧及到他跟同僚之間的人情呢？

此外，行政跟司法糾纏在一起，會造成執法者常常不敢得罪上司，因為他要顧及到自己在行政系統內的升遷，如果犯法的人比他官階高，他很可能不敢干涉，否則升官的前途就堪虞。為了自保，也為了自己將來能官運亨通，就不會公平的來執法。所以袒護同僚、袒護長官，是自古至今都存在的一個嚴重問題，凡是讀過歷史的人，都會覺得中國的司法是不公平的。中國人最稱讚包青天，因為包青天不袒護任何同僚，不袒護任何長官，完全是依法論法來處置案件，但是歷史上究竟有幾個包青天？絕對是鳳毛麟角，正因為在司法方面每天都是烏雲密布，能夠撥開一絲雲霧見到一線青天，就真是萬民之幸，所以包青天才得到中國人長期的歌頌，這個歌頌也代表了中國人對司法的悲哀。

法律彈性太大

從春秋戰國開始，儒家逐漸取得中國思想界的主導地位。儒家重教化而輕刑責，所以儒家對人民犯過失的行為，採取的態度是盡量寬大。中國人所謂「知過能改，善莫大焉」，代表了儒家的寬恕精神，這種儒家寬恕精神常常被納入法律裡面，所以法律的彈性就很大，一個犯了罪的人只要能悔改，往往就可以從輕發落。譬如在《唐律》裡面，明訂有「十惡」，十惡都是非常重的罪，「不孝」便是十惡之一，如果有人打了父親，其父親若告到縣衙門去，這個兒子打父親就是不孝，若根據《唐律》是該判死罪。可是若這位縣令認為用教化的方式可以解決這個案件，他就會拿一本《孝經》讓該被告兒子去讀，限定他幾天之內將《孝經》背熟，這兒子幾天後背熟了回縣衙門，縣令就問他：你是否都了解《孝經》了？兒子說都了解了，縣令又說：你以後會不會照著做？兒子說：一定照著做，不敢再不孝了，這縣令就把兒子開釋了，於是全縣的人民都稱讚這縣令懂得教化百姓，改變頑惡。

其實細細究之，便可發現這縣令並沒有真正執法，他竟然把一個犯十惡大罪的人輕輕發落，放過犯罪的人反而受到大家推崇，這就表示他不合我們前面所謂法治精神的第二個基礎：一切行為當以法律為依據。該縣令反而用教化的方式改變了法律，他的執法也違背了法律，但卻沒有受到責難，反而受到稱讚，這就表示中國的法律彈性非常大。彈性過大的法律，就容易讓執法者上下其手隨意判刑，於是法律往往就會失去其公平性，這就不是法治精神應有的態度。

「人」是建立法治的關鍵因素

從以上所述，我們可以發現中國自古至今，都缺乏三個法治精神的基礎條件，所以中國人是沒有法治精神的。所謂「徒法不足以自行」，就是指法律是要靠人來執行，中國之所以沒有法治精神，其關鍵因素在於「人」。法律只不過是一些條文而已，要把法律變成一種力量，關鍵在於人，也就是執行法律的人之素質非常重要。如果執法者素質很高，他可以把法律變成法治；而如果執法者素質不高，那他簡直就是在糟蹋法律，他個人的意志也常常超越法律。中國的執法者，上至君主，下至地方官吏，對於法律的了解都是非常粗糙的。他們沒有專門研究法律，但卻手握法律的權力，手握權力，卻對權力的內容不能深入了解，這種執法者往往就會誤用權力甚至濫用權力，於是會使得法律失去其公正性與公信力。

在「人」的因素中，君主是最特殊的「人」，因為君主是最高的執法者，然而君主對他手上的權力，常常不甚了解，往往濫用。從宋朝開始，中國的君主變成了絕對專制，君主擁有絕對的權威，所謂「君要臣死，臣不敢不死」，這種觀念在宋朝以後才建立。這種絕對權威的觀念建立後，君主變成一個沒有煞車的車子，也變成一個沒有任何約束的怪獸，他可以橫衝直撞無人能阻攔。而且更糟糕的是君主身邊的親信臣子，也常常偷竊君主的權威在做破壞法律的事情，像明代的東廠、西廠、錦衣衛，都是宦官所控制的特務機關，他們完全不顧法律，任意殘害人民，可是他們假借的卻是君主的名號，臣民根本不敢反抗，法律完全失去保護善良的責任。君主和他身邊的人，做出許多違法的事情，就讓法律的網被剪了幾個大洞，法律也就失去他的公義性。

民國以後，雖然沒有了君主，但是政治上的領導人，依然擁有君主的心態，他們本人跟身邊的人也常常有意或無意之間破壞法律、享有特權，人民對他們無可奈何。而另一方面，做為被統治者的人民，也缺乏前述法治精神基礎的三個條件，一般人民承認法律之前不是人人平等的，他們也承認統治者可以超越法律，默認特權的正當性，把官官相護視為當然耳。統治者與被統治者，同樣缺乏法治精神。此外，司法制度未能獨立，處處受到行政干擾，猶如古代一般，使司法無法確實伸張法律的公義，中國焉能成為一個法治國家！民國以來已經進入了民主政治時代，然而並沒有建立起法治精神，可見民主不等於法治。法治精神的建立是要靠全國人民的共識，大家一起來了解法治精神的基礎，一起來防範破壞法律的行為，讓法律變得公平、公開、公正，這樣，法治精神才能浮現出來。

豈可馬上治天下?

漢高祖劉邦擊敗了項羽，在長安登基做了皇帝，即是歷史上創建漢朝四百年天下的第一位開國君主漢高祖。漢高祖即位之初，功臣戰將遍布朝廷，使朝廷紛紛擾擾毫無秩序，漢高祖真的不知道怎麼來統治這個國家。當時有個儒生叫做陸賈對漢高祖說：「你馬上得天下，豈可馬上治天下？」這個話讓漢高祖非常震驚，便接受了陸賈的意見。於是漢高祖設法重用一些文士而不重用武將來治理國家，所以做了丞相的人不是那位立了第一戰功的韓信，而是文士蕭何。從此以後，歷代的開國君主莫不以「馬上得天下，豈可馬上治天下」做為座右銘。

馬背上英豪的特質

為什麼可以馬上得天下而不能馬上治天下呢？我們先來解釋「馬上」這兩個字的意義。「馬上」，指的是馬背上的英豪，也就是在戰場上衝鋒殺敵的武人將軍們。這一類的英雄人物往往具有以下三個特質：

動作敏捷，甚少能長遠思考

在戰場上，兩軍決戰是要快速行動，往往誰能快速誰就能取得勝利，所以在戰場上需要行動敏捷移動快速來取勝，所以《孫子兵法》記載：「兵之情主速。」《三國志・郭嘉傳》也記載郭嘉說：「兵貴神速。」因此在瞬息萬變的沙場上，很少有機會能讓一個馬背上的領兵大將做長時間思考，因為他必須要能立刻應付眼前的戰況，也必須要在短時間內就做出重要的戰術戰略決策，所以馬背上的英豪必須動作敏捷思慮快速。

我們且看戰國時代趙武靈王胡服騎射，使得趙國強盛起來變成戰國七雄之一的例子，趙武靈王胡服騎射實際上就是訓練騎兵，本來漢人是以步兵車戰為主，趙武靈王學習擅長騎馬打仗的胡人來訓練自己的趙國騎兵，於是趙國在當時戰國群雄中強盛起來，即是因為騎兵比步兵、車兵更加快速，而快速本就是戰爭致勝的要件之一。我們再看一個例子，唐朝末年黃巢之亂時，黃巢軍掃遍中原，大半個中國都被他騷擾過，唐朝中央軍對他無可奈何，但是黃巢最後卻敗在來自北方的沙陀軍手中。其實沙陀軍的數目並不多，但為什麼能打敗黃巢？一個最重要原因就是因為沙陀軍全都是騎兵，移動非常迅速，以步兵為主的黃巢部隊不容易對付他們。所以黃巢軍一看到沙陀軍就十分恐懼，就好像獵犬在趕羊群一樣，獵犬既快速又凶惡勇猛，羊群卻緩慢而溫和怯懦，所以「快」是戰爭中主要致勝要素之一。我們再看宋朝後來為何被蒙古所滅？主要原因之一也是因為蒙古軍大多是騎兵，所以勢力非常強大，以步兵為主的宋軍無法抵抗，故宋朝最後被蒙古所滅。所以馬背上的英雄都是要講究迅速、敏捷，沒有時間作深遠思慮，這是他們的第一個特質。

視人如敵，殺敵絕不手軟

在戰場上面對的是敵人，對付敵人絕不能手軟，因為你不殺敵人就會被敵人殺掉，所以在戰場上看到不是和自己一樣制服的弟兄便是敵人，都要奮力砍殺他們，這是為了自衛，也是為了取勝，戰場上這種行為看起來雖凶暴，但戰場上生存之道即是如此。如果在戰場上遇敵而不視之為敵，不能果決地砍殺下去，那這場戰爭恐會失敗。我們在《左傳》內看到歷史上宋襄公「不殺二毛」，也就是不忍殺頭髮黑白相間、鬢髮花白的老年軍人，結果反而讓宋襄公失敗。不能稱霸業，主要就是宋襄公不能視人如敵，不能「殺敵不手軟」，這便是馬背上英豪的第二個特質。

爭取戰爭勝利為唯一目的

馬背上英豪任何手段都可以運用，最終目的就是要爭取勝利。在戰場上，爭取勝利幾乎是所有戰將們一致追求的目標，所以戰將們常會為得勝利不顧一切。殺人，本來是不道德的，也是犯法的。可是在戰場上殺人卻不被認為是犯法和不道德，這些馬背上的英豪久居戰場後，便會產生一種心態，就是任何的法律道德都可不顧，絕對要取得最後勝利，否則必不罷休。我們試看在戰場上的戰俘被集體屠殺、虐待的例子，古今中外比比皆是。從戰國時代秦國坑殺趙國降卒四十萬，項羽坑殺秦兵二十萬，這種集體屠殺的例子不但在中國史上很多，在西方亦復如此。譬如德國人屠殺猶太人就是最明顯例子，或是美國攻打伊拉克，對伊拉克俘虜的殺害、虐待也是如此。因為在戰場上，勝利是最高目標，為達勝利便會不擇手段，這是馬背上英豪長期久居戰場下養成的心理特質。

馬背上的英豪既然有這三個特質，確實是有助於得天下，因為要想在亂世中奪得政權，便要靠武力問鼎中原，所以需要用武力打天下，而馬背上的英豪確實可以打敗群雄奪得最終政權。但是要馬背上的英豪治理天下是否合適？我們且看上述三個特質是否適合治理天下。

「馬上」無法治天下

先說第一個特質：「敏捷迅速、欠缺長遠思考」，是否適合治理天下？我們知道在治理國家，為國家制訂政策，或為國家推動政治措施，都必須經過長期思考深思熟慮，才可能決定治國大策，治國之大策斷非匆忙之間即可做出決策，匆忙間所制訂的政策往往是漏洞百出前後矛盾。所以有第一個特質的馬背英豪是沒有辦法做出良好且有遠慮的治國政策，因為他無法做出長遠思考。

再說第二個特質：「視人如敵、殺敵不手軟」的人是否適合治國？當一個人取得國家政權後，面對的是已經服從命令的百姓臣民，這些馬上英豪已成統治者，難道他面對順服的人民也要將之視為仇敵？也要將人民殺之不手軟？若如此治理天下最可能的結局便是導致殘酷的「恐怖政治」。最明顯的例子便是秦始皇用武力統一全國後，他所實行的法家政治就是視人如敵，用重刑施於天下，使天下臣民惶恐受難，最終導致秦朝被受不了苛政的人民所推翻。所以馬背上英豪的第二個特質，實際上也不適合統治面對順服權力的人民。

前述馬背上英豪第三個特質也就是追求勝利是唯一目標，為求勝利不擇手段，不顧法律與道德，這又適不適合用來統治天下呢？當馬背上的英豪們取得政權後，他們所取得的勝利果實就是權力。權力，是一種可以滿足心理慾望的東西，但有了權力之後的人往往又會進一步要求滿足肉體，所以馬背上的英豪們取得天下權力後，很容易就不顧法律與道德奪取戰勝品，也就是財富，利用權力來滿足財富慾望，於是他在政治上往往會出現貪污、殘暴、虐民事件層出不窮，不顧法律與道德約束，自傲自大目中無人。這樣子治理國家，那國家會是什麼樣的光景呢？絕對是非常混亂。

所以我們根據馬背上的英豪所具備的三個特質，可以發現他們確實不能來治理天下，若用他們治理天下則會弄得一場糊塗。在歷史上我們舉一個例子，可以很清楚的看出馬背上的英豪們治理天下會如何：西漢末年王莽篡位自稱皇帝，由於施政措施失當，十多年後便導致天下大亂，各地百姓都起來反抗王莽，英雄好漢紛紛組成抗暴團體，其中最著名的團體就是赤眉兵、綠林兵等等，後來赤眉兵攻進首都長安，王莽自殺，赤眉兵控制了首都。

當時赤眉兵的領袖叫做樊崇，而當時全國流傳一個共識，就是「劉氏必起」，也就是西漢是原來劉家的天下。王莽雖篡位，因施政不當導致天下反抗，也使天下人心思漢，懷念以前的漢朝舊政，認為劉氏必定再起來復興，故赤眉領袖樊崇便擁立了漢朝一個旁支宗室叫做劉盆子來做皇帝。劉盆子不過是個十幾歲的鄉下農村小孩，沒什麼知識，不過是樊崇的政治傀儡而已。劉盆子做皇帝後，這些赤眉兵的馬上英豪將領們個個都做大官，但是他們上了朝卻完全不懂得秩序法紀，更不懂得如何談論治理國家大事，就三五成群聚在一起談天說地，一言不合就在殿堂之上打架，刀劍到處橫飛，大將互相砍殺，弄得小皇帝劉盆子躲飛刀都來不及，整個朝廷也雜亂無章、毫無秩序。

這且不論，再看看長安城內，赤眉軍控制了所有城門，原本長安附近很多地方官是按西漢與王莽時期規矩，要按時把賦稅進貢到中央。可是當他們將貢賦送到長安，經過城門時，赤眉軍皆一擁而上，不管這是否為公物都先搶了再說，於是赤眉軍把地方官送來的貢賦搶奪而光，就這樣過了幾個月，附近的地方官都不敢再上貢中央。同時長安城市區內的商人也是赤眉兵搶劫對象，商人都不敢開店，因為一開店便被赤眉搶奪一空，弄得長安蕭條不堪。這種混亂情形連劉盆子皇帝也受不了，有天上朝，劉盆子當著樊崇等人的面，從皇位上站起來當場跪下痛哭說：「請各位饒了我吧！我不要做這個皇帝了！」這時劉盆子的哥哥劉恭，也在朝廷做官，見弟弟這種情形，加上心疼弟弟又沒唸過書也沒口才，就跑上殿站在弟弟旁邊對著赤眉將領說：「我弟弟沒能力統治這國家，請各位另外再選高明人士吧！」樊崇等赤眉將領見皇帝跪了下來，覺得有史以來沒看過皇帝下跪的，也一時嚇著，連忙把皇帝劉盆子扶起來說：「都是我們不對，我們應該好好收斂。」但是，樊崇他們就硬是不讓劉盆子退位。等退朝後，樊崇也下令赤眉兵不得再騷擾民間，赤眉兵收到命令後，就不再搶劫各地方官送來的賦稅，也不再搶劫長安城內的店家。

過了幾天，長安人民見到赤眉的軍紀改好了，漸漸放心，又開始開店營業，長安城外地方官本該入貢的物資也陸續開始進貢。但赤眉兵一看又有那麼多財富進來，又都忍不住，再度開始大搶特搶，長安仍舊陷入混亂局面。最後這種荒唐政權當然不能維持太久，等到不久後，漢朝劉氏另外一旁支的劉秀，帶著軍隊打敗赤眉軍進入長安城，才逐漸恢復社會秩序，建立了日後的東漢王朝，所以赤眉政權只有很短的幾個月便垮台。這即是我們所謂用馬上治天下，立刻就失敗的明顯例子。

劉秀得天下後，即是東漢光武帝，依舊不能不任用他的開國功臣（馬背上的英豪們），擔任大官。但劉秀卻把政治大權都交給由文士們組成的尚書臺。所以，東漢立國後，實際上是由文士來負責政務。

此外我們再看唐朝滅亡後的五代時期，五代（後梁、後唐、後晉、後漢、後周）都是短命的朝代，因為這些開國君主都是武人出身，當了皇帝後，仍舊重用昔日打天下的武將夥伴治理天下，所以五代沒有一個朝代是長命的。相反的我們再看另外一個例子，即是五代之後的宋朝，宋太祖趙匡胤能夠即位做皇帝，靠的也是他的拜把兄弟也就是武將們的擁立，所謂「陳橋兵變，黃袍加身」就是說這個故事。然而宋太祖趙匡胤在做了皇帝後，他知道不能重用這些馬背上的英豪兄弟們來治理天下，所以他邀請了這些戰場上曾經出生入死的兄弟大將們一起喝酒，暗示他們交出軍權，告老退休，也承諾給他們相當優渥的退休待遇，就是不希望他們這些武人弟兄們再過問政治，於是這些將領們很識趣地在第二天紛紛上辭呈要求告老還鄉，這便是歷史上有名的「杯酒釋兵權」。杯酒釋兵權後，宋太祖訂定了一個政策，即是「重文輕武」，這個政策一直是宋代立國政策，也就是說從杯酒釋兵權以後，宋朝政府中的重要職位，一定要由文人擔任而不用武將，這即是治國是由文人治國而不由武將。於是宋朝雖是繼承五代之後的朝代，卻不會步上五代的短命後塵，而是一個享國三百一十多年的長命朝代，政權維持很久，主要便是宋朝一開始就不用馬背上的英豪來治理國家。

文士治國的好處

我們要接著問：為何要用文士來治理國家？因為文士是讀書人，做事之前都會深思熟慮，訂下的政策乃至推行的政治措施，不會像馬背上的英豪們一樣，一時衝動就提出來，所以文士們所擬定的政策與措施，都是比較有可行性也比較周延，容易推展施行，不容易造成錯誤。此外，也同樣因為文士們是讀孔孟之書，孔孟等儒家思想是主張愛民，主張民本，也就是認為國家要以民為本，所以不能視民如敵，而是視人如子，所以會有仁愛心懷，做了統治者或大官也不會故意殘害人民百姓，這樣便容易讓被統治者心服。此外，文士們從小就懂得遵守道德與法律，不敢輕易違反，也因此不敢為所欲為。當然我們沒有說文士做官就一定不會貪污腐化，而是說這些讀孔孟之書的儒家文士們縱使做貪污腐化害民之事，心理多少會有愧疚而不至於太過明目張膽恬不知恥。而且就算他們貪污腐化，表面上也會冠冕堂皇的講自己是如何愛民，而不會赤裸裸的直接害民，就算他們真的想害民也不敢明講，會做一些虛掩的動作，這種政治虛掩至少對百姓而言也是個緩衝，總比赤裸裸地一刀砍下去的感受好許多。以上是說明用文士們治國，確實有其好處。

當文明進入了民主時代之後，獲得政權的方式，當然不需再用靠騎馬打仗、殺人盈野的武力方法奪得天下，而是用選票的方式即可為之，所以表面上看好像民主政治裡就沒有馬背上的英豪那樣人物，其實卻不然。因為雖然在民主時代，不需再用武力方式奪取政權，但是社會上仍舊存在那些擁有馬背上英豪特質的人，如果讓具有這些心理特質的人物來治理國家，一樣會導致如同古代「馬上治天下」的那種悲慘結果。因為在民主政治之下，雖沒有形式上的馬上英豪，可是社會上永遠有具有馬上英豪特質的人存在，如果一個政權都是用這種特質的人物來居政府高位治理國家，那這個政府絕對不會成功，也不會長久。所以縱使在民主政治時代，我們在政治上希望避免的便是如此，也希望居政府高位的政務官們，都要時時刻刻警惕自己不要變成馬背上英豪特質的人來危害百姓，民主政治才能真正上軌道。

有些政府官員，常常在宣布政策或措施之後不久，便來個一百八十度的大轉彎，這就是欠缺深思熟慮，符合馬背上的英豪人物特質之一；有些政府官員，常常視人民為敵，防範人民的作為，宣布許多「禁止令」，這又是馬背上的英豪特質之一；有些官員貪污違法，行為乖張，目無法紀，玩弄特權，這又是馬背上英豪的另一個特質。有些政府官員喜歡用「拚經濟」、「拚治安」做為口號。然而，經濟是要經過縝密計畫，切實地執行，絕不是「拚」出來的，如果是「拚」的話，那經濟就會四分五裂了；治安是要人民和諧安樂，社會和平安定，才能有好的成績，所以，治安的重點在「安」字，如果治安用「拚」來做的話，豈不搞得不安了嗎？以上所說的這些現象都表示政府官員是馬背上的英豪。

最重要的是，我們千萬不要以為用民主用選票形式選出來的政治人物，就不會擁有上述馬上英豪的三特質，歷史上就是有一位用人民選票選出來的獨裁者希特勒，殺人無數，危害天下。檢視希特勒的人格特質，便可發現他恰恰具有馬背上英豪的三種特質，才會缺乏長遠的治國宏觀，才會為求消滅政敵的勝利，不惜任何不道德的卑劣手段，最後希特勒自己也使德國變成殺人不手軟的恐怖獨裁政體，導致這個政權顛覆滅亡。我們不希望民主制度的社會中，人民還會用選票選出第二位希特勒，那將會是國家之禍，全民之災。

垂簾聽政——中國女性的王權展現

中國歷史中只有一位女性皇帝，歐洲有英國六位，俄國四位，荷蘭三位，盧森堡兩位，西班牙三位，葡萄牙兩位，瑞典兩位，丹麥兩位，奧地利一位，波蘭一位，匈牙利一位。這些歐洲國家有女王，是因為女性可能繼承王位；在法國、德國，則禁止女性繼承王位，即使國王無子嗣有女兒，王位也只能由國王其他男性親屬繼承。可見政權中最高位階，古今中外，在君權國家中，有史以來都是男性獨步的。

在全民民主當道的現在世界中，君主制國家所剩無幾，國王的存在也只具民族團結的象徵，由男性或女人當國王已不再是那麼重要。但是，即使女性議員在各級議會中的比例逐漸高漲，在男權繼續當道下，女性黨魁、女性部長和女性首相的出現，仍然是幾稀的。

垂簾聽政，這成語已經被延伸為：更有實力的人躲在幕後操控權力、行使權力。但這句成語的原意是說，在中國古代，皇太后因為皇帝年幼需要代為執政，接見群臣，而在座位前掛了簾子以別男女。垂簾聽政的制度始於漢朝呂太后、鄧太后，南北朝有北魏馮太后；唐朝的武則天繼垂簾聽政後，廢唐建周，成為中國歷史中唯一的女性皇帝；宋朝也有多位皇太后垂簾聽政。清朝慈安、慈禧太后的垂簾聽政，是大家較熟悉的。

中國在二十世紀以前是個以男性為中心的社會，政治權力也幾乎掌握在男性手裡，在政治舞臺上表演的角色幾乎全是男性，女性很難見到蹤影，無論是中央或地方政府的官員全由男性擔任，因此在中國古代女性似乎跟政治無緣。如果女性想在政治上插一手，則常會被人們指責為干政，所以中國古代女性無法從正常管道如科舉、世襲等走上政治舞臺。

女性參與政治的方式

然而中國歷史上也偶爾會有女性在政治上表現的機會，這些女性無法跟男人一樣經由正常管道的科舉考試進入政府謀取官職，故無法從基層做起。所以女性若想參與政治的話，只能從最高層級下手，亦即須從君主身邊下手。歷史上女性參與政治都跟君主有關，只能從皇宮裡面進行，其大概有兩種：

干政

所謂干政，就是躲在幕後不出面，慫恿君主聽從其言語來作她所欲為之事，所以干政是女性間接的參與政治，這種方式常被人們批評為敗德惡行。歷史上許多皇后、妃子常常喜歡對皇帝遊說，無論是在人事安排上或政治上，她們常提出要求讓皇帝隨她們意思來作，這便是干政。

主政

這是女子參與政治的第二方式。所謂主政便是主持政務，主政者直接走到檯面上發號施令，向全國明白表示天下命令皆由己出，她才是全國發號施令者。因不是躲在幕後，所以這種主政方式反可被全國人民接受。但哪種女子能主政？從中國歷史上看，女子能主政者幾乎只有一種身分，即是「太后」（包括太皇太后）。

太后是君主的母親，如果不是親生母親，至少也是母親輩或君主需尊稱其為母親的人。中國人向來標榜孝道，喜歡說「百善孝為先」，所以中國人以往多強調君主要以孝治天下，故孝道是君跟民都需遵守的道德標準。君主雖權威至高無上，可以不聽任何人的建言，但必須聽母親的話，當母親要發揮其至高的母權時，君主只好聽從其言，否則即是不孝。於是太后或太皇太后便可利用她是君主母親或祖母的身分來命令全國臣民，因為臣民須服從君主，君主又須服從太后、皇太后、太皇太后，也就等於全國臣民必須服從太后或太皇太后，故當太后主政時，臣民也須表示效忠。

可是太后是女性，中國古代社會觀念又是男女有別，男性跟女性不能隨便接觸，太后若要主政，則常常會在其面前掛一個薄薄的簾子以示男女分隔，這就是我們常常說太后主政是「垂簾聽政」。中國古代女性若要主政的話，大概只能用垂簾聽政的方式。

當然，中國古代有個唯一的例外，即是武則天。武則天是女性，曾以太后臨朝的方式主過政，後來也以女皇帝的身分來主政，是中國歷史上唯一的女皇帝。武則天稱帝後並不穿著女性服飾，而是穿著男性服飾直接走到檯面上主政，故不必垂簾聽政。但其早先太后聽政時，仍是用垂簾來聽政。

垂簾聽政的條件

雖然太后可垂簾聽政，然觀諸歷史，並非每個太后都能如此，能垂簾聽政的太后終究是少數。想垂簾聽政之太后，至少必須具備三個條件：

（1）君主年幼或非常懦弱

觀諸歷史，能垂簾聽政的太后幾乎是在幼君即位之時。古代中國是世襲君主制的國家，君主有實質政治權力，若君主駕崩，新君年紀幼小或尚未成年，此時若將這實質政治權力交給一個未成年小孩，是一件很可怕的事情而會使世人感到恐懼。因為未成年的君主不但知識程度不夠心智也未成熟，手握無限權力難免會隨心所欲胡作非為，甚至不守任何規範，如此豈不全國大亂？因此當幼君即位時，社會上自然希望有人當幼君的監護人替他執管政權。

中國歷史最早有這類情形是周武王薨後的成王即位時，因成王年幼，其叔周公旦來輔政，這是中國很早的一個輔政例子，但此例是男性輔政。這類由男性宗室成員出面輔政的例子，在此後少見於歷史，最主要原因恐怕是受王莽篡位的影響。王莽在西漢末年也是主政者，當時先後兩位君主亦即平帝與孺子嬰，皆年幼，於是由王莽輔政，結果卻是王莽篡位自己稱帝。所以由男性輔政很容易造成君位易人，因此在漢朝以後幾乎很少見，而以太后來取代。

用女性的太后來輔政有其好處與安全性：

- 女性要想成為真正的皇帝是不容易的。一個垂簾聽政的太后雖是主政者，但只是臨時性的、代理性的。
- 太后與幼君間是母與子或祖母與孫子的關係，這種關係是有血緣基礎的，絕大部分的太后或太皇太后不至於會謀害自己的兒子孫子，故對幼君而言比較安全。太后等幼君成年後通常會還政於君，較不可能產生政朝換代之憂，這也是太后較能受朝野同意可以臨時主政的重要原因。

然而歷史上有時也會出現當幼君成年後，太后不想還政之例，如果此時已成年的君主個性懦弱，太后仍強要繼續垂簾聽政，個性懦弱的君主也只能依從。故太后要能垂簾聽政必須有這類前提條件，因為中國古代是個男性為中心的社會，政治舞臺是男性的遊戲場所，女性在這舞臺上只是個暫時性的角色，只是臨時替代因年幼尚不能在政治舞臺上表演的幼君而已，等君主成年後，太后總是要退居幕後還政，故太后要主政的前提就是要擁有一個年幼或懦弱的君主作為太后的傀儡。

（2）須朝臣不積極反對

中國古代政治權力是由上而下，政權之成立是用武力奪取，有實力奪取者便可命令全國服從。西方人讀中國歷史常會產生一個疑問，他們看到中國史上有許多昏庸君主卻能在位長久，會納悶這政權是如何維持下去？故認為中國古代政治實是一種魔術。其實不然，因為在世襲君主制度之下，中國人民對君主是頗為服從的，一個政權只要人民不反對，就可以穩住。

太后臨朝通常是幼君即位時，此時朝廷中掌握政治決策的人物，譬如宰相、重臣、宦官、乃至太后本人等等，就會在一起商量要不要太后垂簾聽政，如果這些人都同意，則太后臨朝聽政便可實現，也不必徵求全國臣民的意見。所以太后能否臨朝，並不需要朝臣們積極支持，而是不積極的反對。換言之，只要朝臣們採取消極不反對的態度，太后臨朝就可成功坐上主政者的寶座。如果朝臣積極反對，那太后也未必能夠臨朝稱制。

這裡舉唐朝韋太后為例。韋太后是唐中宗的皇后，中宗駕崩後，韋后立了一個小皇帝李重茂，歷史上稱為少帝，因為他在位時間實在太短，所以沒有帝號、廟號。少帝即位，韋后想要垂簾聽政，然當時朝臣不服、積極反對，於是李隆基（日後的唐玄宗）等人便聯合皇宮的衛隊一起發動政變，剷除韋太后，故韋太后臨朝只有十幾天，這便是個失敗的例子。所以朝臣們如果積極的反對，太后要臨朝聽政是非常困難的。

（3）臨朝太后要有相當的政治見識與才能

當然，現在似乎很難從史書記載看到臨朝太后有如何的政治才能與表現。然而看看許多著名的垂簾聽政太后：像西漢呂后、唐代武后、清代慈禧，她們的政治手腕都相當高超，其他臨朝稱制的太后，政治表現其實也大都不差。

中國古代婦女從小所受教育是種道德教育，從小就被教育如何來充實自己的私德，譬如如何做個好的母親、婦女或媳婦的角色，這便是私德。太后也是婦女，從小所受的也是偏重於私德的教育，可是如果要臨朝掌握政治大權，因為政治是管理眾人之事，就不完全是私德問題了。如果太后對政治無太大才能的話，是無從應付政治上重大決策的，如果她不知道如何處理政治事務，必會不知所措，故太后要成功垂簾聽政，其政治才能該要比一般女性要來得高，完全不懂政治的太后，是不能也不敢去垂簾聽政。

以上是三個太后能成功垂簾聽政的條件，所以太后是否能垂簾聽政，不是主觀的意願而已，必須有客觀的環境配合。

對政局的可能影響

太后垂簾聽政後會對政治產生什麼樣的影響？很少有人作深入研究，事實上就二十五史的史書方面記載也不多。如果只就重大事情來看，許多太后臨朝的時代，其政治並不是太壞。但太后臨朝要面臨一個很大的困難，即是中國古代社會男女之別的戒律，即使是太后也不能跨越。太后臨朝面對的全是男性臣民，她要作任何決定也需徵詢朝臣們的意見，但太后要如何面對面跟他們作深入詳談？她不能像男性君主般隨時將某大臣召進御書房來談到深夜，所以太后要如何跟朝臣們溝通，是個很大的也無法解決的問題。

實際上太后要做任何決定時也必須要有資訊的來源，但要如何取得這些資訊？她很容易傾向向自己身邊的親人或親近的人求得訊息（譬如她自己的父親、兄弟，乃至身邊的宦官），做為決策的參考。故太后臨朝後最容易出現外戚當權，即是太后的家人父兄在朝廷上變成最有權勢的人，因為他們對手握決策權的太后有極大的影響力。另外太后臨朝時也容易相信在身邊伺候她的宦官，於是宦官會變得很有權勢。這是太后臨朝時一個很難克服的困境，這種困境容易造成決策上會有錯誤的地方。

中國進入二十世紀後，在政治與社會上都有非常大的變化。在政治上推翻了世襲的君主專制制度，不會再出現所謂幼君的問題。在社會方面也有個重大變化，就是婦女地位的提高，婦女跟男性一樣可接受各種教育，可出席各種社交活動，婦女可以走到社會各個角落。不單是在社會、工商團體有婦女蹤跡，她們同樣也可踏上政治舞臺。由於現代婦女跟男性一樣有同等的教育機會，培養了處理公共事務的能力，故婦女參與政治活動，有時往往比男性表現得還優越。垂簾聽政已是一個歷史名詞，在今日社會上已經不會出現垂簾聽政的事例，太后垂簾聽政所出現的缺點，在今日社會也不太會出現。

結語

中國何以不能產生民主？

步入二十一世紀，全世界的人們都了解到民主的可貴，也都渴望自己的國家實現民主政治。然而今日世上有幾個國家能真正做到民主的地步？這值得我們懷疑。尤其是中國，自從一九一二年孫中山領導國民革命以後，推翻了兩千年的皇帝制度，號稱步入了民主政治時代，可是至今快一百年了，實際上海峽兩岸的中國離真正的民主卻有相當一段距離。

我們都知道民主不是中國的本土產物，民主思想是在清朝末年時傳入中國，而民主政治是在孫中山革命推翻滿清皇帝後才在中國正式產生。民主是外來產品，何以中國不能產生民主呢？難道中國歷代有那麼多偉大思想家如孔子等，他們都沒有想到民主？其實這是有原因的，我們可以從「經驗」和「價值」兩方面來分析這個問題。首先先談經驗方面。

缺乏多數決的歷史經驗

人們的思想不能超越現實，必是現實上出現了很多問題才會想到解決這些問題的方法，這就是思想；想出一些具體的方法，這就是制度，所以任何一個思想家都不能超越自己的時空。我們可以發現，在許多艱困的時代常會出現偉大的思想家，如同我們中國思想家出現最多的時代有二：一是春秋戰國、一是魏晉南北朝，因為這兩個時代都是戰爭不已的亂世，於是當時有智慧的人們就會想到如何來解決亂世間的紛爭苦難，就會出現思想家。故西方有人說：「思想家的出現正是反應這時代的不幸。」所以思想是不能超脫時空的，民主政治即是一種思想，由思想而變成民主制度。

民主政治是怎麼產生的呢？根據西方政治學者們的說法，在最早的原始部落時期就開始有民主，因為在原始部落還沒有出現一個強大領袖足以控制整個部落時，部落中每個人都可以表達他的意思，當部落要決定一件重大事情時，大家皆可聚而談之提出自己意見。但當時人們要採取什麼方法作最後決定？便是要達成「全體一致」的共識，但也因為那個年代還沒有出現「多數決」的觀念，而且部落的人那麼多，怎麼形成全體一致的共識呢？

最早期的人們是用拳頭用武力來打架，讓不同意見的人互相對打，打輸的一方只好服從贏的一方，照贏一方的意見去作決定。這種用拳頭來決定事情的方式，卻對部落很不好，因為每天都要用拳頭來決定事情，會傷到部落人們之間的感情，甚至會有死傷，這樣不利於部落存續。所以漸漸有聰明才智之士想到要改良，這第二步改良方法就是不再用拳頭，而是改用吶喊的方式，用聲音大小來作決定。一件事情發生了便彼此吶喊，一邊是贊成，一邊是反對，看看哪邊的聲音大，若贊成聲音大便照贊成的意見做，反之亦然，這種吶喊的方式比用拳頭來得和平。

但漸漸人們又發現到吶喊方式也有問題，因為每個人的音量天生就不同，有些人嗓門特大音量特高，有些人則否，故人們漸漸又不滿意這種方法。所以後來聰明才智之士又想到另外一個方法，當有事情要決定時便讓人們排成兩行，一行贊成，一行反對；以彼此排列的方式數人頭，看看哪邊的人頭多，就照他們的意思作決定，這在西方政治學來講就是多數決的開始。這種「以計數人頭的方式來代替打破人頭」，是人類史上的一大進步。但這也有一個問題，要想計算人頭就必須有一個大的空間讓所有人站在一起才可能數得出，所以這種方式必只能出現在小國寡民之地。我們從歷史上看，史上最早出現這種多數決民主政治之地便是公元前五世紀時的古代雅典城邦（伯里克里斯擔任執政官時），雅典是個小城邦，所有公民可以在城邦中間的大廣場集合起來作決定，無論是算人頭或是用貝殼、陶片來投票（Ostracism），他們是可以集合在一起的，所以這種歷史經驗逐漸擴大，便成為民主政治的基礎，因為民主政治最基本的條件便在於多數決。

可是中國呢？從中國有歷史紀錄以來就是個大國，沒有出現過小國寡民的城邦制。我們知道最早出現在中國歷史紀錄的是《史記》所載的黃帝軒轅氏，這是中國最早的立國紀錄。黃帝軒轅氏的領土非常遼闊，包括今日的河北、山西的北部，因為地域遼闊，也絕無法將所有人集合起來在一個地方一起表示意見，所以中國從來沒有這類歷史經驗，中國人遂不容易產生多數決的觀念，也造成中國歷史上不容易出現多數決制。

沒有多數決的價值觀

我們再從價值方面來看。人們的行為都受著其價值觀念的影響，當其價值觀認為是對的時候，他會勇敢地去做該事；反之則會生抗拒之心，會認為該行為不正當。民主政治的基礎是多數決，這有個基本前提條件，就是要把每一個人都能看成是一個基本的獨立客體，也就是「人的價值」是相等的，故某甲等於某乙也等於某丙，無論其身分地位如何，都具有同等價值。可是中國人向來不認為人與人之間是互相平等的，也始終認為「人」並非其他動物或物品，不能用一件兩件、一個兩個的計量方式來算「人」。因為中國人認為「人」不是只有一個肉體，人該有自己的思想和精神，也認為因為每個人的思想與精神互異，使人本身與其他人之間會有不同的價值。故中國人認為人不能像雞蛋一樣是一加一等於二的計量，也同樣認為賢與不肖兩種人是不能平等的。

中國人這種不能將人看成其他動物一樣用數目計量的價值觀，便會認為凡事不能用人數多的主張就是一定是對的，反而相信一個聰明智慧的人可以抵無數個凡庸的常人。我們試看中國從秦朝以來直至清朝都有「御前會議」——就是歷代凡是遇到國家大事，皇帝會召集文武大臣來開會，有時皇帝偷懶便叫宰相代為主持；皇帝勤快的話當然常自己主持。在御前會議內，出席會議的大臣可以紛紛提出主張發表意見，但我們發現最後皇帝裁決的依據往往不是依多數大臣的意見，而是採用少數人的主張，甚至只採取其中一個人的主張。為何皇帝會如此決定？因為皇帝認為智慧是少數人才有，不是多數人的主張就一定是好的，所以御前會議是沒有多數決這種事情。

這便顯示出中國人的價值觀念是不認為某甲就等於某乙也等於某丙，不能拿一個士大夫跟一個目不識丁的農夫相提並論。在中國人的傳統觀念裡，若要士大夫跟農夫同樣對某件國家大事做決定時，中國人會認為科學家講的跟農夫講的絕不會具有同等的價值。既然中國人認為一件事情不能用人數多寡來決定，也認為人有本質上的差異不同，在中國人的思想中便不可能接受多數決的原則。因為可能有一百個笨蛋跟一個諸葛亮合在一起，諸葛亮說了什麼，一百個人都聽不懂，結果是要聽諸葛亮的還是這一百個人的呢？中國人會認為當然是聽諸葛亮的，不能聽那一百個村夫愚婦的，所以中國人不相信也不可能接受多數決是一個正確的方式。既然中國人在對人的價值看法不一樣，所以中國人不贊成多數決，民主也就不容易在中國出現。

民本不等於民主

既然中國沒有多數決的歷史經驗，又沒有多數決的價值觀，所以中國就沒有辦法產生民主。但眾所周知，中國歷史上有「民本思想」。我們知道，民本思想這種觀念在中國出現的非常早，《尚書》就有記載說「民惟邦本，本固邦寧」，這是中國民本思想的源頭。民本思想經過孔子、孟子的發揚，變成儒家思想的主要特質之一，也深深影響到自秦朝以後兩千年來的中國政治。但是民本卻不是民主，這兩者是有差別的。我們要問，何謂民主？在西方政治學上對民主的定義其實多如繁星，但美國林肯總統有一個解釋是非常淺顯而為大眾所接受。林肯說民主是什麼？就是：「Of the people、by the people、for the people」；孫中山將之譯成中文為：「民有、民治、民享。」這是非常貼切的，中國人幾乎都能接受。民本思想實際上是民主的其中三分之二，也就是民本主張民有、民享，但是沒有民治。從孔孟以來歷代儒家學者提倡民本思想都沒有提到民治，而是主張君治，因為他們不知道怎麼樣讓人民來治理國家，也想不出其辦法，所以他們還是擁護君主來治理國家。故民本思想實際上只有民本跟民享而沒有民治觀念，只有民主思想的三分之二，可是民本思想缺了那三分之一的民治，就差得非常遠了。

薩孟武先生曾經對民主跟民本的差異有個非常好的比喻：民主就好像一個股分有限公司，人民是這個股分有限公司的股東，這些股東們可以參與股東會，過問公司所有的經營情形，有積極的權力可參與公司的業務，所以公司的好與壞，股東可以積極的表達意見甚至付諸行動。可是民本呢？民本就像一個獨資公司，人民像這個獨資公司的員工，君主是獨資公司老闆，如果這些員工們碰到一個非常慈祥和藹的老闆，那員工就有福了，因為老闆會給他們最好的福利照顧他們。可是一旦這老闆過世後，小老闆來了，小老闆可能很暴劣也看不起這些員工，於是員工原有的福利與良好待遇可能一夕之間都被取消，這些員工有什麼辦法？沒有辦法，因為公司是獨資的，員工沒權力過問，只能乞求這小老闆趕快死掉再換下個老闆，也只能乞求下個老闆能夠好一點，所以員工無法對這個獨資公司有積極表達意見的權力，只能消極的被照顧。

薩先生舉的這個例子，我想很合乎現代人的想法。所以民主是人民可以作主張的，如果國家是股分有限公司而人民是股東，這公司若經營不善，人民可以改組董事會，可以改任新的總經理以及其他經理人員；相反地，獨資公司員工是不可以要求換老闆的，所以這就是民主跟民本的差異所在。是故人民的利益在民主之下有所保障，在民本下則沒有保障，人民只能乞求老天爺幫忙，這是民主跟民本很大不同處。故兩千多年來的中國是有民本而無民主，雖然民本在中國歷史上也確實發生了相當的作用，至少這種思想可以防止很多暴君的出現，但是民本終究不是民主，所以中國人民沒有權力在政治上積極地提出任何主張。故當西方民主思想傳到中國後，中國人還是選擇走民主的路。實際上，全世界的人也不斷地在追求民主這條道路。

民主政治的基礎

然而民主的實現絕非一朝一夕就可成就。我們翻開歐洲的民主發展史，可以發現歐洲人把民主從理想變成事實，是經過幾百年的緩慢推行才逐漸成熟，絕對不是一天就能改變。我們知道一七八九年法國大革命，一日之間推翻帝王而改制民主，這種一天之內就改變制度的法國大革命，卻造成了恐怖政治，死傷無數人，使當時法國處於黑暗時期，這絕非好事。相反地，英國的民主便是漸進式的演變，不是一天的暴動便可以讓英國的民主成熟，而是經過數百年逐漸的歷史經驗累積，才使英國走向民主這條道路。

要實現民主，實際上有兩個非常重要的基礎：

第一便是教育水準的普及與提高。也就是說，如果社會上人民都目不識丁且教育程度低落無知無識，就沒有辦法實行民主政治。所以我們看英國早期時候從十三、十四世紀準備推行民主的時候，那時候實際上只有中產階級才能擁有民主，因為當時的中產階級有知識，所以知識很重要。當社會大眾要決定一件國家大事時，如果沒有知識基礎作判斷，所作的決定怎可能會正確？如果這社會多數人都是無知無識的愚民，這些人所投下的票可能使國家做出一個大大的錯誤決策，那又怎能依靠多數決呢？在歷史上有許多例子可證明若有如此情況，後來反悔都來不及。所以要能使社會上人民都能受到良好教育，使人民知識水準變高才可能實行民主。

這裡所指的知識水準，絕非指專業知識，不是說每個人的自然科學要讀得非常好，人人都是偉大的科學家，而是說要能使人民對整個國家社會能有相當的認知能力，能清楚分辨什麼是人民的利益？什麼是大眾的利益？什麼是這個社會未來應該走的路？我們可以發現在西方文明先進國家雖擁有許多科學家，可是他們除了在實驗室內所作的專業科學外，對社會一無所知，所以他們去投票往往就會做出錯誤選擇，故西方先進國家選舉出來的領導人不見得都是優秀的，也不見得選得出對國家社會有助益的人。故我們說要使國民知識水準能提高，是指他們能清楚分辨出什麼是社會大眾共同的利益，能分辨並選擇出未來共同該走的更光明幸福之路。我們所謂的知識是指這方面的知識，亦即人文素養方面的知識。

第二個基礎就是國家社會內的人民要有一定的財富。我們當然知道一個社會必定會有富人也有窮人，只是平均來說這個社會絕大多數的人都是需要比較富有的。為何要說富有？因為民主政治是用選舉表現出來的，選舉最容易產生的弊端就是賄選，當處於一個貧窮的社會中，政客們往往會利用財富來收買賄賂貧窮的社會大眾，這就是所謂的「買票」。買票幾乎是所有民主國家在發展民主制度過程中都會遭遇的弊端，但要如何消除這弊端？當然除了法律嚴格規定外，最根本最重要的辦法就是選民有足夠的財富，不會被賄賂所引誘，因為選民本身已經富有，不會在意蠅頭小利的賄賂，則賄賂便會無效而難行，漸漸地也不會有候選人願意出錢買票。在這種沒買票的情形下，選民才可能真正自由表達意思做出決定，不會受金錢所控制。故一般社會大眾的經濟能力常是決定民主能否實行的重要條件。所以許多落後地區如東南亞的若干國家，雖都有所謂選舉行為，卻不能真正反應出民主意識，主要即在這些國家在選舉時賄賂買票風氣太盛，人民不是真正表達其意見而是被金錢所收買，所以該地之民主便被扭曲。

以上所講的是實現民主的兩個基礎，如果這兩個基礎不夠成熟，則這個國家實行民主制度，其實不可能表示他是真正的民主，因為其選舉行為只是徒具形式，所作出的選舉結果可能不是反應真正的民意。

落實民主的必要條件

除上述這兩個基礎外，要落實民主還要有兩個必要條件：

第一個就是這個社會需要有「法治精神」。也就是說這社會的人民無論其職業、性別、財富、身分，都要有法治精神。所謂法治精神有兩個意義：

（1）社會上不論從上到下，每個人都要承認「法律之前，人人平等，沒有例外」的概念，沒有任何人能享有特權，越是真正的法治國家越是沒有特權；相反地，這社會若越是有特權存在，則表示越是沒有法治精神。

（2）任何執政者或政府的作為都以法律為依據，所有的執政者、政府官員甚至一般民眾的作為，都要以法律為依據。有時若干法律是不合理的，但是當法律沒有被修改之前，人們仍是得守法，這便是法治精神的兩個意義。法治精神不等於法律，有法律不一定有法治精神，我們知道有很多國家實際上制訂了很多法律，但因為該國沒有法治精神，所以法律常常成為具文，甚至成為執法者或執政當局宰割民眾的工具，若如此則這種國家便沒有實行民主的條件。

要落實民主的第二個必要條件，是「四權」的獨立。也就是說一個國家社會裡有四個大權——行政權、立法權、司法權，和大眾訊息傳播權，這四權要各自獨立。在一個國家，不能有任何一個人或者任何一個機構可以控制其中兩個或兩個以上的權，如果這四大權都能各自獨立行使自己的權力，這個國家才可能做到真正民主，否則確實很難說他能步上真正的民主。以上是說要實行民主需要兩個基礎和兩個必備條件。

中國民主之路何以步履蹣跚

從上面所講的實行民主政治的兩基礎與兩必備條件之後，我們就可了解到，為何孫中山在一九一二年號稱實行民主政治，到現在一百多年，中國的民主始終沒有落實的原因何在。今後，中國要想真正的走上民主道路，我們必須要從幾方面來努力：

第一，要提升國民的教育。目前我們的教育走向，非常偏重自然科學或者專業，但是作為一個好的國民，應該更要具備「人文素養」，而我們現在的教育卻偏偏越來越忽略人文素養的培養，所以中國人對什麼是國家的利益？什麼是全民的利益？往往都認識不清。由這些認識不清楚的人們來投票作決定，又怎能使國家獲得最多的利益呢？所以要想真正的民主，讓國家利益獲得更大的保障，一定要使人民的人文素養更為豐厚，懂得對社會的關懷，了解社會的利益。

第二，要能使國民的財富增加。今天海峽兩岸的中國人不是不富有，而是患於「貧富不均」，貧富之間差距很大，海峽兩岸也都如此，這對實行民主政治非常不利。所以中國很容易變成東南亞中若干所謂民主國家一樣，被政客們以金錢來控制政治。這幾年來大家都知道，臺灣這幾年來，「黑金政治」非常盛行，所謂的「金」，就是指握有大把鈔票的政客操縱政治，使臺灣民主徒具表面形式，選民卻不能真正表達其意思，所以社會財富一定要平均。現在越來越嚴重的貧富差距問題，絕不能再使它繼續惡劣下去，而是要使每個人民都能享有基本的財富與一定的經濟基礎，才可能讓民主真正落實。

第三，培養人民法治觀念。我們知道，海峽兩岸都充滿了特權階級，這些手握政治特權的階級都在玩弄他們權力，視法律於無物，以表示他們是特權分子。而荒謬的是，一般社會大眾，也把這些居政治高位卻擁有特權橫行天下的怪現象視為正常，誤認為他們是享有特別權力，可以免於跟我們社會大眾是站在不同的法律線上。這反映了「法律之前人人不平等」的現代民主怪象，官做越大的越有特權，受社會輿論監督與法律制裁也就越少，這是非常不公平的，也不能表現出真正的民主。我們只要看看臺灣的選舉，在選舉前有多少選舉官司？甲控告乙如何賄選，乙控告甲如何威脅，但選舉完了，這些選舉官司有幾件落了案？因為這些當選人往往就免於被法律追訴，甚至法律也不敢追訴他們這些當權了的舊官新貴，所以這些案子在候選人當選後往往也就不了了之，這絕對不是法治精神。

第四，社會上的「四權」獨立——行政權、立法權、司法權，和大眾訊息傳播權，是互相獨立不相干擾的，可是我們放眼海峽兩岸的中國，這四大權都不能各自獨立。尤其是行政權，一權獨大，把其他三個權都壓制住或控制在手裡。若行政權一權獨大，那些所謂民主的選舉都是假的也徒具形式，因為掌握行政大權的人都掌握了一切，沒有任何權可以監督他。我們冀望這四大權都能各自獨立，就是希望讓這四大權中沒有任何一權可以獨大，也沒有任何一權能控制另一權，才能彼此制衡，那麼人民才能在權力平衡之中，做出真正的選擇，民主才能真正的反應出來。所以今後中國若還想實行民主制度，必須要從這四方面來努力。

總之，民主是二十世紀以來所有人們共同追求的目標。然而民主不是一個人類的終極目的，人類的終極目標，是在追求更大的幸福，民主若能為人們帶來幸福，我們覺得這個民主追求的很值得；反之，如果民主是給人們帶來災禍，那我們又為何要追求這個民主呢？在二十世紀前半葉，有好幾位著名的義大利政治學者，出了好幾本書都談到民主的缺點，故眾所周知，民主也絕非萬靈丹，也並非絕對優良的制度，即使有了民主，社會上的人民也未必定會很幸福。所以我們必須有理性認知，不可迷信一定是「民主萬歲」，民主不過是人民追求幸福過程中的工具而已，我們不要為了盲目追求幸福，反過來成了民主的奴隸。

當然，我們絕不是反對民主，民主當然有更多的優點，否則不可能成為目前世人公認是較為優良的制度，但是我們要的是「真正的」民主，因為許多的政客往往是在玩弄民主，利用民主這個「口號」來欺騙選民，使民主失去了他真正的可貴意義。選舉是民主表達的方式之一，但有了選舉行為不一定就表示有了民主。中國人太容易在選舉裡變成狂熱，無論是候選人或廣大選民，遇到選舉往往狂熱不已，陷入群眾歇斯底里氣氛，卻失去了民主之中最真正可貴的內在價值，也就是理性，這種非理性的民主，絕對不會為人民帶來幸福，反可能會導致災禍。所以我們要高呼：民主我們都熱愛，但我們要熱愛的是真正理性的真民主，而不是徒具選舉行為的假民主。

歷史・中國史

王的學問：中國歷史中的君王論

作　　者 — 王壽南
發 行 人 — 王春申
選書顧問 — 陳建守
總 編 輯 — 張曉蕊
責任編輯 — 陳怡潔
封面設計 — 萬勝安
內頁設計 — 林曉涵
版　　權 — 翁靜如
資訊行銷 — 劉艾琳、謝宜華
業　　務 — 王建棠
出版發行 — 臺灣商務印書館股份有限公司
23141 新北市新店區民權路 108-3 號 5 樓（同門市地址）
電話：(02)8667-3712
傳真：(02)8667-3709
讀者服務專線：0800056193
郵撥：0000165-1
E-mail：ecptw@cptw.com.tw
網路書店網址：www.cptw.com.tw
Facebook：facebook.com.tw/ecptw

局版北市業字第 993 號
初　　版 — 2023 年 10 月
印 刷 廠 — 沈氏藝術印刷股份有限公司
定　　價 — 新台幣 380 元

法律顧問 — 何一芃律師事務所

國家圖書館出版品預行編目(CIP)資料

王的學問 : 中國歷史中的君王論/王壽南著. -- 初版. -- 新北市 : 臺灣商務印書館股份有限公司, 2023.10
面； 公分. -- (Ciel)
面； 公分. -- (歷史.中國史)

ISBN 978-957-05-3530-3(平裝)

1.CST: 君主政治 2.CST: 皇帝制度 3.CST: 中國

573.51　　112014182